Fundamentos
do direito
tributário | volume 2

Central de Qualidade — FGV Management
ouvidoria@fgv.br

SÉRIE DIREITO EMPRESARIAL

Fundamentos do direito tributário | volume 2

ISBN — 978-85-225-0764-1
Copyright © 2009 Escola de Direito do Rio de Janeiro da Fundação Getulio Vargas

Direitos desta edição reservados à
EDITORA FGV
Rua Jornalista Orlando Dantas, 37
22231-010 — Rio de Janeiro, RJ — Brasil
Tels.: 0800-021-7777 — 21-3799-4427
Fax: 21-3799-4430
E-mail: editora@fgv.br — pedidoseditora@fgv.br
www.fgv.br/editora

Impresso no Brasil/Printed in Brazil

Todos os direitos reservados. A reprodução não autorizada desta publicação, no todo ou em parte, constitui violação do copyright (Lei nº 9.610/98).

Os conceitos emitidos neste livro são de inteira responsabilidade dos autores.

Este livro foi editado segundo as normas do Acordo Ortográfico da Língua Portuguesa, aprovado pelo Decreto Legislativo nº 54, de 18 de abril de 1995, e promulgado pelo Decreto nº 6.583, de 29 de setembro de 2008.

1ª edição — 2009; 1ª reimpressão — 2010.

Preparação de originais: Luiz Alberto Monjardim
Editoração eletrônica: FA Editoração Eletrônica
Revisão: Aleidis de Beltran e Marco Antonio Corrêa
Capa: aspecto:design

**Ficha catalográfica elaborada pela
Biblioteca Mario Henrique Simonsen/FGV**

    Fundamentos de direito tributário / Direito Rio. — Rio de Janeiro: Editora FGV, 2009.
    2 v. (Direito empresarial (FGV Management))

    Inclui bibliografia.

    1. Direito tributário. I. Escola de Direito do Rio de Janeiro da Fundação Getulio Vargas. II. FGV Management. III. Fundação Getulio Vargas. IV. Série.

CDD — 341.39

Nossa missão é construir uma escola de referência nacional em carreiras públicas e direito empresarial, formando lideranças capazes de pensar o Brasil a longo prazo e servindo de modelo para o ensino e a pesquisa no campo jurídico, de modo a contribuir para o desenvolvimento do país.

FGV Direito Rio

Sumário

Apresentação 11

Introdução 13

1 | **Obrigação tributária I** 15
    Caso gerador 15
    Roteiro de estudo 16
        Conceito de obrigação
           (aspectos civis e tributários) 16
        Obrigação principal e obrigação acessória 20
        Fato gerador e seus aspectos 26
    Questões de automonitoramento 39

2 | **Obrigação tributária II** 41
    Caso gerador 41
    Roteiro de estudo 41
        Responsabilidade tributária 41

Substituição tributária 43
Transferência tributária 51
Questões de automonitoramento 68

3 | Crédito tributário I 69
Caso gerador 69
Roteiro de estudo 70
    Crédito tributário: conceito e noções gerais 70
    Constituição do crédito tributário: o lançamento 72
    Da eficácia do lançamento 84
    Modalidades de lançamento 86
Questões de automonitoramento 97

4 | Crédito tributário II 99
Caso gerador 99
Roteiro de estudo 99
    Suspensão do crédito tributário 99
    Moratória 103
    Parcelamento 106
    Depósito integral 108
    Impugnações administrativas 115
    Liminares e tutela antecipada 118
Questões de automonitoramento 122

5 | Crédito tributário III 123
Caso gerador 123
Roteiro de estudo 124
    Extinção do crédito tributário 124
    Pagamento 124

Compensação 132
Transação 135
Remissão 136
Decadência e prescrição 137
Conversão em renda 180
Questões de automonitoramento 181

Conclusão 183

Referências 185

Colaboradores 191

Apresentação

Aliada à credibilidade conquistada em mais de meio século de excelência no ensino de economia, administração e outras disciplinas ligadas à atuação pública e privada, a Escola de Direito do Rio de Janeiro da Fundação Getulio Vargas — FGV Direito Rio — iniciou suas atividades em julho de 2002. A criação dessa nova escola é uma estratégia da FGV para oferecer ao país um novo modelo de ensino jurídico capaz de formar lideranças de destaque na advocacia e nas carreiras públicas.

A FGV Direito Rio desenvolveu um cuidadoso plano pedagógico para seu Programa de Educação Continuada, contemplando cursos de pós-graduação e de extensão. O programa surge como valorosa resposta à crise do ensino jurídico observada no Brasil nas últimas décadas e que se expressa pela incompatibilidade entre as práticas tradicionais de ensino do direito e as demandas de uma sociedade desenvolvida.

Em seu plano, a FGV Direito Rio assume o compromisso de formar profissionais preparados para atender às reais necessidades e expectativas da sociedade brasileira em tempos de globalização. Seus cursos reforçam o empenho da escola em inserir no mercado profissionais de direito capazes de lidar com áreas interdisciplinares, dotados de uma visão ampla das questões jurídicas e com sólidas bases acadêmica e prática.

A Série Direito Empresarial é um importante instrumento para difusão das modernas teses e questões abordadas em sala de aula nos cursos de MBA e de pós-graduação em direito empresarial desenvolvidos pela FGV Direito Rio.

Dessa forma, esperamos oferecer a estudantes e advogados atuantes na área empresarial um material de estudo que seja realmente útil em seu cotidiano profissional.

Introdução

Este segundo volume dedicado ao estudo dos fundamentos de direito tributário tem origem em profunda pesquisa e sistemática consolidação dos materiais de aula relacionados a temas que despertam crescente interesse no meio jurídico e reclamam mais atenção dos estudiosos do direito. A intenção da Escola de Direito do Rio de Janeiro da Fundação Getulio Vargas é tratar de questões atuais de direito tributário, aliando a dogmática à pragmática da ciência jurídica.

A obra trata, de forma didática e clara, de conceitos e princípios do direito tributário, analisando as questões em face das condições econômicas do desenvolvimento do país e das discussões recentes sobre o processo de reforma tributária.

O material aqui apresentado abrange assuntos relevantes, como, por exemplo, os pormenores da obrigação tributária e o crédito tributário e suas especificidades, além de algumas questões processuais relevantes para o profissional que atua nessa área.

Em conformidade com a metodologia da FGV Direito Rio, cada capítulo inclui o estudo de *leading cases* para auxiliar na compreensão dos temas. Com ênfase em casos práticos, oferecemos aqui uma análise dinâmica e crítica das normas vigentes e de sua interpretação.

Esperamos, assim, fornecer o instrumental técnico-jurídico para os profissionais com atuação ou interesse na área, visando incentivar a proposição de soluções criativas para os problemas normalmente aí enfrentados.

1

Obrigação tributária I

Caso gerador

O art. 16 da Lei Federal nº 9.779/99 estabelece que "compete à Secretaria da Receita Federal dispor sobre as obrigações acessórias relativas aos impostos e contribuições por ela administrados, estabelecendo, inclusive, forma, prazo e condições para o seu cumprimento e o respectivo responsável". Assim, com base no referido dispositivo, a SRF editou instrução normativa obrigando os estabelecimentos que operem com papel destinado à impressão de livros, jornais e periódicos, na forma do art. 150, VI, d, da CR/88, a procederem a sua inscrição em registro especial, condicionando a autorização para realizarem despachos aduaneiros, aquisições e utilização ou comercialização do referido papel à prévia satisfação de tal exigência.

No mesmo ato normativo infralegal, a Receita Federal institui a declaração especial de informações relativas ao controle de papel imune (DIF-papel imune), que deverá ser apresentada até o último dia do trimestre subsequente ao período de competência, sob pena de aplicação de penalidade prevista em medida provisória, no valor de R$ 5 mil por mês calendário, à pessoa jurídica que deixar de fornecer, naquele prazo, as informações solicitadas.

Diversas gráficas e editoras de pequeno porte, diante da dificuldade de cumprir as inúmeras exigências burocráticas contidas na referida DIF-papel imune, não conseguem atender ao prazo para a entrega das informações e com isso são autuadas pela SRF, sofrendo a aplicação de multas, geralmente expressas em valores quase confiscatórios em razão da atividade econômica que exercem como pequenas empresas.

As sociedades sustentam a inconstitucionalidade do ato que criou a obrigação acessória, argumentando que a Lei Federal nº 9.779/99 não criou a obrigação acessória (DIF-papel imune) e que, em virtude do princípio da estrita legalidade, não poderia uma instrução normativa (ato infralegal) assim fazê-lo, especialmente considerando que o art. 5º, II, da CR/88 estabelece que ninguém será obrigado a fazer algo senão em virtude de lei.

Pergunta-se: à luz do que dispõe o art. 113, §2º, do CTN, procede a argumentação sustentada pelos estabelecimentos?

Roteiro de estudo

Conceito de obrigação (aspectos civis e tributários)

De acordo com o direito civil (direito privado), obrigação é uma relação jurídica entre duas partes — credor (titular de um direito de exigir um comportamento) e devedor (tem o dever jurídico de dar, fazer ou não fazer) —, na qual ambas se obrigam a uma prestação (objeto da obrigação); assim, o credor tem o poder de exigir o objeto da obrigação, e o devedor tem o dever de prestá-lo.

Nesse sentido, vale destacar o entendimento esposado pelo civilista Rosenvald (2004:4) sobre as características da relação obrigacional:

> O objeto de qualquer relação obrigacional é a prestação, consistente na coisa a ser entregue (obrigação de dar) ou no fato a ser prestado (obrigação de fazer ou não fazer), importando invariavelmente em uma ação ou omissão do devedor.
>
> Ao bipartirmos uma obrigação, encontramos dois elementos essenciais: o débito e a responsabilidade. No direito comparado, são definidos, respectivamente, como *shuld* (débito) e *haftung* (responsabilidade).
>
> O débito traduz a prestação a ser espontaneamente cumprida pelo devedor, em decorrência da relação de direito material originária. Seria o bem da vida solicitado pelo credor, consistente em um dar, fazer ou não fazer.

No direito público, a expressão *obrigação* também é utilizada de forma corriqueira, como ocorre no direito privado. Assim, guardadas as suas peculiaridades, a obrigação tributária não escapa desse conceito, ou seja, é uma obrigação jurídica estabelecida entre pessoas, a qual atribui direitos e respectivos deveres.

A obrigação tributária é uma obrigação de direito público, visto que um dos polos da relação é ocupado pelo Estado (ou por entidade a que a lei atribua a condição de sujeito ativo), no exercício da soberania; em decorrência disso, o crédito tributário é indisponível para a administração pública. A característica da indisponibilidade do crédito no direito tributário é diametralmente oposta ao que se apresenta no direito privado, em que o credor pode dispor livremente de seu direito, inclusive liberando o devedor do ônus de adimplir a obrigação.

Sobre o tema, esclarecedora é a lição de Amaro (2003:240), que, ao comentar as consequências relevantes que decorrem da circunstância de ser a obrigação tributária uma relação obrigacional de direito público, sustenta que

> O administrador fiscal não é titular (credor) da obrigação; credor dessa obrigação é o Estado (ou a entidade a que a lei atribui a condição de sujeito ativo, no caso das contribuições parafiscais). Dessa forma, o crédito, na obrigação tributária, é indisponível pela autoridade administrativa. (...)
>
> Isso não impede que, por lei ou ato vinculado da autoridade (amparada, portanto, em preceito legal), o devedor da obrigação tributária seja dispensado do seu cumprimento (remissão). O que não se admite é essa dispensa decorrer de ato do administrador fiscal, sem amparo na lei.

Qual seria, portanto, a particularidade da obrigação tributária? Sua particularidade está justamente no objeto (prestação), que é o pagamento de um tributo (obrigação de dar) ou o cumprimento de um dever instrumental (obrigação de fazer ou não fazer).

Consoante os ensinamentos de Rosa Júnior (2005:493), a obrigação tributária compõe-se de quatro elementos:

- a pessoa jurídica de direito público competente para instituir tributos (sujeito ativo/credor);
- a pessoa física ou jurídica obrigada por lei ao cumprimento da prestação tributária, denominada contribuinte ou responsável (sujeito passivo/devedor);
- o cumprimento de uma prestação positiva ou negativa determinada por lei (objeto/prestação);
- a lei, em razão do princípio da legalidade tributária, pelo que a vontade jurídica dos indivíduos é inapta para criá-la (causa/fonte).

Machado (2005:134) leciona que a obrigação tributária é um primeiro momento na relação tributária, tendo conteúdo ainda não determinado, assim como ainda não está formalmente identificado o sujeito passivo. Ainda de acordo com o mestre, a obrigação tributária corresponderia a uma obrigação ilíquida do direito civil.

Por todo o exposto, pode-se afirmar que a obrigação tributária traduz um poder jurídico por meio do qual o Estado (sujeito ativo) pode exigir de um particular (sujeito passivo) uma prestação positiva ou negativa (objeto da obrigação), nas condições definidas pela lei tributária (causa da obrigação).

A determinação da natureza jurídica da obrigação tributária gera certa controvérsia na doutrina. De acordo com Souza (1982:84), a obrigação tributária é uma relação jurídica subjetiva de direito público. Para outros autores, contudo, a obrigação tributária seria uma relação de força, de poder do Estado.[1]

Além de ser uma relação jurídica de direito público, a obrigação tributária tem natureza *ex lege*, porquanto deriva da lei. Parte da doutrina critica essa característica, considerando-a supérflua, já que todas as obrigações do direito decorrem da lei, porque nascem como efeito de incidência de uma regra jurídica.[2]

A principal implicação desse atributo é o fato de que a obrigação tributária independe da vontade das partes. Ou seja, abstrai-se a vontade manifestada no momento da realização do fato gerador da obrigação tributária; assim, o surgimento da obrigação se dá com a mera ocorrência do fato previsto na lei.

---

[1] Sobre a evolução doutrinária acerca do tema, ver Rosa Júnior (2005:485-486); Dória (1986:2); e Moraes (1994:245-246).
[2] Becker, 1972:239-242.

Obrigação principal e obrigação acessória

Nos termos do *caput* do art. 113 do CTN, a obrigação tributária pode ser principal ou acessória. O Código Tributário Nacional distingue as duas espécies de obrigação tributária da seguinte forma: a obrigação de conteúdo pecuniário é a principal; portanto, a obrigação acessória é aquela destituída de tal conteúdo.

A obrigação principal e a obrigação acessória derivam da legislação tributária e surgem com a ocorrência do pressuposto de fato descrito na lei.

A ocorrência do fato gerador do tributo faz surgir a obrigação principal, que, vale frisar, trata-se da relação jurídica de maior relevo no direito tributário, pois importa no pagamento do tributo. É situação definida em lei, ou seja, é matéria compreendida na reserva legal e, conforme nos orienta Torres (2004:234), "é o vínculo jurídico que une o sujeito ativo (Fazenda pública) ao sujeito passivo (contribuinte ou responsável) em torno do pagamento de um tributo".

O conceito legal de obrigação tributária principal é fornecido pelo art. 113, §1º, do CTN, ao estabelecer que esta surge com a ocorrência do fato gerador e tem por objeto o pagamento de tributo ou penalidade pecuniária.

A doutrina, capitaneada por Carvalho (1993:197), critica esse artigo, afirmando que a expressão *penalidade pecuniária* não deveria pertencer ao conceito legal de obrigação tributária principal. Isso porque, se o art. 3º do CTN, ao conceituar tributo, determina que ele não constitui sanção de ato ilícito, mostra-se equivocado incluir a penalidade pecuniária — que é uma sanção administrativa — no conceito de obrigação tributária principal.

O §1º do art. 113 do CTN estabelece, ainda, que a obrigação tributária principal se extingue juntamente com o crédito dela decorrente. Trata-se de conclusão lógica, considerando que com o pagamento do *quantum debeatur* desaparecem o direito de crédito do Estado e o correspondente débito do contribuinte.

A obrigação tributária acessória, por sua vez, justifica-se no interesse da arrecadação ou da fiscalização dos tributos; ela decorre da legislação tributária e tem por objeto prestações positivas ou negativas, na forma do que dispõe o art. 113, §2º, do CTN.

De se notar que o §3º do mesmo art. 113 do CTN preceitua que "a obrigação acessória, pelo simples fato da sua inobservância, converte-se em obrigação principal relativamente à penalidade pecuniária". Passa-se, portanto, a analisar essas previsões normativas que cuidam do sentido de "acessoriedade" dessa obrigação tributária.

Em verdade, a obrigação acessória não está diretamente relacionada nem com o pagamento do tributo, nem com o pagamento da penalidade pecuniária, mas sim com as obrigações de fazer (por exemplo, emitir nota fiscal, escriturar um livro ou inscrever-se no cadastro de contribuintes), não fazer (por exemplo, não inutilizar os documentos e livros fiscais antes do prazo legal ou não receber mercadoria sem a documentação legalmente exigida) e tolerar (por exemplo, submeter-se à fiscalização tributária).

Também são acessórias a obrigação que o contribuinte tem de declarar a renda auferida em cada exercício para fins de apuração do imposto sobre a renda e proventos de qualquer natureza, ou a obrigação de um lojista de emitir notas fiscais no momento da venda de uma mercadoria.

As obrigações acessórias podem ser estabelecidas por atos infralegais, desde que respaldadas na lei, como se torna cristalino, por exemplo, na discussão em torno da lide Rio Tevere Comércio e Representações Ltda. *versus* estado do Rio de Janeiro, em que a impetrante questionou a legalidade de resolução do secretário de Fazenda do estado do Rio de Janeiro passando a exigir informações selecionadas de ICMS, o que teria levado ao sucateamento de grande número de máquinas registradoras recentemente adquiridas pela demandante, além de ofender o princípio da livre iniciativa e da livre concorrência.³

No caso em tela, a ministra relatora Eliana Calmon afirmou que a resolução estadual atingira de forma direta os interesses da empresa, a qual vinha celebrando, com supermercados e outros estabelecimentos congêneres, contrato de cessão de uso de máquinas registradoras. No entanto, tal resolução não seria ilegal, porque baseada na Lei Estadual nº 1.423, de 27 de janeiro 1989, que autorizou o fisco a exigir informações selecionadas de seus contribuintes.

Como é fácil concluir, o ato normativo do secretário de Fazenda do estado do Rio de Janeiro somente seria ilegal se não tivesse fundamento numa lei ou se a própria lei fosse inconstitucional, o que, ao que tudo estava a indicar, não era a hipótese.

No mesmo sentido e em decisão bem mais recente, o STJ repisou os argumentos esposados no julgado citado quando apreciou o REsp nº 724.779-RJ,⁴ cuja discussão girava em torno da possibilidade ou não de uma norma infralegal estabelecer dever de natureza instrumental, ou seja, obrigação acessória inerente à regulamentação das questões operacionais no âmbito tributário. Entendeu aquela corte pela ausência, *in casu*, de violação do princípio da legalidade. Confira-se a ementa do acórdão proferido:

> Tributário. Imposto de renda pessoa jurídica. Consolidação de balancetes mensais na declaração anual de ajuste. Criação

---

³ STJ. 2ª Turma. RMS nº 8.256-RJ. Min. Rel. Eliana Calmon. j. 21.10.1999. *DJ*, 17 dez. 1999 (Informativo STJ nº 37).
⁴ STJ. Primeira Turma. REsp nº 724.779/RJ. Rel. Min. Luiz Fux. j. 12.09.2006. *DJ*, 20 nov. 2006.

de dever instrumental por instrução normativa. Possibilidade. Ausência de violação do princípio da legalidade tributária. Complementação do sentido da norma legal.

1. A Instrução Normativa 90/92 não criou condição adicional para o desfrute do benefício previsto no art. 39, §2º, da Lei 8.383/91, extrapolando sua função regulamentar, mas tão somente explicitou a forma pela qual deve se dar a demonstração do direito de usufruir dessa prerrogativa, vale dizer, criando o dever instrumental de consolidação dos balancetes mensais na declaração de ajuste anual.

2. Confronto entre a interpretação de dispositivo contido em lei ordinária — art. 39, §2º, da Lei 8.383/91 — e dispositivo contido em Instrução Normativa — art. 23, da IN 90/92 —, a fim de se verificar se este último estaria violando o princípio da legalidade, orientador do direito tributário, porquanto exorbitante de sua missão regulamentar, ao prever requisito inédito na Lei 8.383/91, ou, ao revés, apenas complementaria o teor do artigo legal, visando à correta aplicação da lei, em consonância com o art. 100 do CTN.

3. É de sabença que, realçado no campo tributário pelo art. 150, I, da carta magna, o princípio da legalidade consubstancia a necessidade de que a lei defina, de maneira absolutamente minudente, os tipos tributários. Esse princípio edificante do direito tributário engloba o da tipicidade cerrada, segundo o qual a lei escrita — em sentido formal e material — deve conter todos os elementos estruturais do tributo, quais sejam a hipótese de incidência — critério material, espacial, temporal e pessoal — e o respectivo consequente jurídico, consoante determinado pelo art. 97 do CTN.

4. A análise conjunta dos arts. 96 e 100, I, do Códex Tributário permite depreender que a expressão "legislação tributária" encarta as normas complementares no sentido de que outras

normas jurídicas também podem versar sobre tributos e relações jurídicas a esses pertinentes. Assim, consoante mencionado art. 100, I, do CTN, integram a classe das normas complementares os atos normativos expedidos pelas autoridades administrativas — espécies jurídicas de caráter secundário — cujo objetivo precípuo é a explicitação e complementação da norma legal de caráter primário, estando sua validade e eficácia estritamente vinculadas aos limites por ela impostos.

5. É cediço que, nos termos do art. 113, §2º, do CTN, em torno das relações jurídico-tributárias relacionadas ao tributo em si exsurgem outras, de conteúdo extrapatrimonial, consubstanciadas em um dever de fazer, não fazer ou tolerar. São os denominados deveres instrumentais ou obrigações acessórias, inerentes à regulamentação das questões operacionais relativas à tributação, razão pela qual sua regulação foi legada à "legislação tributária" em sentido lato, podendo ser disciplinados por meio de decretos e de normas complementares, sempre vinculados à lei da qual dependem.

6. *In casu*, a norma da Portaria 90/92, em seu mencionado art. 23, ao determinar a consolidação dos resultados mensais para obtenção dos benefícios da Lei 8.383/91, no seu art. 39, §2º, é regra especial em relação ao art. 94 do mesmo diploma legal, não atentando contra a legalidade mas, antes, coadunando-se com os artigos 96 e 100 do CTN.

7. Deveras, o E. STJ, quer em relação ao SAT, IOF, CSSL etc., tem prestigiado as portarias e sua legalidade como integrantes do gênero legislação tributária, já que são atos normativos que se limitam a explicitar o conteúdo da lei ordinária.

8. Recurso especial provido.

É princípio básico do direito civil aquele segundo o qual a obrigação acessória segue a sorte da principal. Porém, esse brocardo não se aplica inteiramente ao direito tributário, visto que a obrigação acessória pode existir independentemente da obrigação principal. Segundo Amaro (2003:243),

> A acessoriedade da obrigação dita "acessória" não significa (como se poderia supor, à vista do princípio geral de que o acessório segue o principal) que a obrigação tributária assim qualificada dependa da existência de uma obrigação principal à qual necessariamente se subordine.

Há quem sustente, conforme nos informa Torres (2004:236), que o uso da expressão *obrigação acessória* é indevido, pois, na verdade, esta nada mais é do que um dever instrumental que surge pela mera probabilidade (possibilidade) de vir a existir a obrigação principal.

De fato, há diversas hipóteses em que o sujeito passivo da relação tributária não tem qualquer dever de pagar tributo, seja em razão de uma isenção, seja de uma imunidade, mas se lhe exige o cumprimento de dever instrumental (obrigação acessória) para que se possa averiguar o preenchimento das condições a cujo atendimento está subordinada a concessão da referida isenção ou imunidade.

Apesar de ser sustentada pela maior parte da doutrina nacional, essa posição é rechaçada por Machado (2005:135), que afirma ser tal exegese fruto da influência da doutrina civilista, estando, portanto, imbuída de uma visão privatista, inteiramente inadmissível perante o Código Tributário Nacional. A obrigação seria acessória porque serviria para viabilizar o cumprimento da obrigação principal, ou seja, para viabilizar o controle dos fatos relevantes para o surgimento de obrigações principais.

Um ponto de relevância do assunto ora versado é perquirir, nas hipóteses em que o dever instrumental não venha a ser cumprido, se a multa imposta terá natureza tributária. Outra não pode ser a resposta senão em sentido negativo, porquanto a multa constitui sanção, que não é tributo, como nos esclarece o art. 3º do CTN. Dessa forma, a obrigação instrumental não se confunde com o dever de pagar tributo.

Outra crítica feita pela doutrina ao §3º do art. 113 do CTN diz respeito à utilização equivocada da expressão *converter-se em obrigação principal*. Se a obrigação acessória não foi cumprida, realizou-se um ato ilícito passível de sanção; então, a penalidade pecuniária — que não é tributo — decorreria do próprio ato omissivo ilícito. Nessa esteira, Pires (1997:45) leciona que

> Dizer que a obrigação acessória não cumprida "converte-se" em principal não reflete com clareza o sentido exato do mandamento. Efetivamente, a obrigação acessória não "se transforma", como num passe de mágica, em principal, mas sim faz nascer uma nova obrigação, principal, que tem como objetivo o pagamento de penalidade devida pelo descumprimento da obrigação acessória. Esta, no entanto, subsiste inadimplida.

Destarte, quando ocorre o descumprimento da obrigação acessória, ela continua a existir, pois o contribuinte permanece obrigado a cumpri-la. A diferença é que agora o contribuinte deve cumprir a obrigação acessória e tem que pagar a penalidade pecuniária. Na verdade, portanto, não há conversão alguma.

Fato gerador e seus aspectos

Falcão (2002:2) — doutrina minoritária — conceitua fato gerador como o fato, conjunto de fatos ou estado de fatos a que o legislador vincula o nascimento da obrigação tributária de pagar o tributo determinado, ou seja, o fato gerador da obrigação tributária é uma circunstância na vida do contribuinte eleita pela lei, apta a gerar uma obrigação tributária. O fato gerador tem que ser, necessariamente, um fato econômico de relevância jurídica, não bastando ser apenas um fato jurídico.

Sob a égide do pensamento de Rosa Júnior (2005:499), fato gerador da obrigação principal "é a situação definida em lei como necessária e suficiente à sua ocorrência. Assim, a lei refere-se de forma genérica e abstrata a uma situação como hipótese de incidência do tributo, correspondendo à obrigação tributária abstrata".

Para Torres (2004:239), "fato gerador é a circunstância da vida — representada por um fato, ato ou situação jurídica — que, definida em lei, dá nascimento à obrigação tributária".

Amaro (2003:250-253),[5] discursando sobre a plurivocidade das conceituações doutrinárias no que tange às expressões "fato gerador" ou "fato gerador da obrigação tributária", esclarece que

> Fato gerador da obrigação tributária (...) identifica o momento do nascimento (geração) da obrigação tributária (em face da prévia qualificação legal daquele fato). Justamente porque a lei há de preceder o fato (princípio da irretroatividade), a obrigação não nasce à vista apenas da regra legal; urge que se implemente o fato para que a obrigação seja gerada. (...) sem embargo das críticas que tem sofrido, não vemos razão para proscrever a expressão fato gerador da obrigação tributária ou fato gerador do tributo como apta para designar o acontecimento concreto (previamente descrito na lei) que, com sua simples ocorrência, dá nascimento à obrigação tributária. A expressão parece-nos bastante feliz e expressiva.

---

[5] O autor colaciona a posição de juristas que criticam acidamente tais expressões, como Alfredo Algusto Becker, para quem o fato gerador nada gera a não ser confusão intelectual; da mesma forma, Alberto Xavier censura tal nomenclatura esclarecendo que se trata de mera problemática terminológica sem alcance de fundo; assim como Paulo de Barros Carvalho, que prefere utilizar a designação "fato jurídico tributário", a par das expressões "fato imponível" e "hipótese tributária".

De toda forma, nota-se que o ponto convergente da maioria das definições que giram em torno da questão é a assertiva de que o fato só é gerador de tributo quando está previsto na lei. Assim, o fato gerador carece de perfeita adequação entre a hipótese de incidência descrita na lei e a situação realizada concretamente pela pessoa, só então produzindo efeito jurídico ou consequência.

O raciocínio inverso indica que, se a norma existir, mas o sujeito passivo não praticar ato algum ou não estiver numa determinada situação jurídica relevante para fins tributários que possam configurar um fato gerador do tributo, claro ficará que a lei de instituição não terá produzido qualquer hipótese de incidência.

Antes da Emenda Constitucional nº 18/65, as exações tributárias eram totalmente desvinculadas de fatos econômicos ou, em outras palavras, eram meramente formais (por exemplo, imposto do selo), mas tal fenômeno cessou com a reforma operada pela referida emenda. Atualmente, é entendimento consolidado na doutrina e na jurisprudência que não se pode tributar um fato meramente jurídico que não demonstre nenhum elemento econômico da vida do contribuinte.

Falcão (2002:27-48) defendia o princípio da interpretação econômica do fato gerador, o que significa privilegiar a realidade fática sobre a forma jurídica que envolve o negócio, ou seja, independentemente da forma do ato, cumpriria considerar os efeitos econômicos do ato e tributar.

Seguindo o raciocínio defendido pelos cultores da interpretação econômica do fato gerador, digamos que João deseje vender sua lancha, mas, sabedor de que a transmissão vai gerar uma tributação muito alta, resolve, em vez de vendê-la, alugá-la. A repercussão dessa operação é que, ao final de um ano, o comprador ficou com a lancha, e João não pagou quase nada de imposto porque, ao longo do período, o adquirente foi pagando esse valor a título de aluguel.

De acordo com o princípio referido, a manobra jurídica praticada por João significa burlar a forma do negócio. Falcão diz que, na verdade, tem-se que chegar ao conteúdo do negócio, afastando a forma jurídica que o reveste.

Porém, a interpretação econômica do fato gerador não é mais prestigiada pela doutrina moderna,[6] não obstante, hodiernamente, o assunto ter ressurgido na pauta de discussão dos tributaristas com a edição da Lei Complementar nº 104/01.

Entre outras disposições, essa lei complementar inseriu no art. 116 do CTN, parágrafo único, que, em tese, conferiu ao fisco, sob o manto de uma cláusula geral antielusiva, a possibilidade de, visando aumentar a arrecadação, privilegiar a realidade econômica, em detrimento da forma jurídica, se valendo, portanto, do critério econômico da identificação de capacidade contributiva para promover a desconsideração de negócios jurídicos praticados por empresas com a suposta finalidade de dissimular a ocorrência do fato gerador do tributo ou a natureza dos elementos constitutivos da obrigação tributária.[7]

Ressalte-se que o parágrafo único do art. 116 do CTN ainda não foi regulamentado, conforme requerido em sua parte final ("observados os procedimentos a serem estabelecidos em lei ordinária"), constituindo-se, portanto, em norma que carece de plena eficácia, na medida em que somente se insejaria a sua aplicabilidade após o advento da lei a que refere.

No que tange à valoração dos fatos concretos, o art. 118 do CTN prescreve que se devem abstrair:

- a validade dos atos efetivamente praticados;
- a natureza ou efeitos do seu objeto;
- os efeitos dos atos efetivamente ocorridos.

---

[6] Sobre o tema, ver Torres (2000:197-205).
[7] Nesse sentido, ver Machado (2005:144).

A matéria versada nesse artigo está inegavelmente relacionada com a chamada "interpretação econômica do fato gerador". Assim, numa interpretação literal de tal dispositivo, depreende-se que se mostra irrelevante para fins tributários a circunstância de o ato vir a ser anulado, ainda mais quando dele decorrerem seus normais efeitos econômicos.

A doutrina mais atual, contudo, adota uma interpretação sistemática do fato gerador, respeitando-se a princípio o negócio jurídico realizado. Nesse passo, o fato gerador tem que estar ligado a determinada circunstância da vida do contribuinte que denote capacidade contributiva, ou seja, que constitua signo presuntivo de riqueza.

Retomando a questão relacionada ao uso da nomenclatura "fato gerador", cumpre destacar que tal utilização recebe duas críticas levantadas pelos principais doutrinadores. A primeira se baseia no fato de que o que origina a obrigação tributária é a lei, e não o fato em si, mas Amaro (2003:253) rebate esse argumento, consignando que a lei dá autorização para aquele fato gerar a obrigação tributária, ou seja, não é a lei por si só que gera o fato; então, quem dá existência à obrigação é a incidência da lei sobre o fato.

A segunda linha crítica sustenta que a expressão "fato gerador" traduz dois fenômenos — apesar de dispor de apenas uma expressão para identificá-los —, os quais seriam a hipótese de incidência e o fato imponível, mas, novamente, Amaro (2003:254) revida tal exegese, afirmando que isso também acontece no fato típico em direito penal, ou seja, a lei também não faz distinção entre os crimes previstos em lei e o crime ocorrido no caso concreto.

É de se observar que a descrição da hipótese de incidência jamais preverá uma ilicitude; no entanto, o fato imponível pode comportar um ato ilegal. Isso acontece porque a ocorrência da situação prevista pela lei como necessária e suficiente para o nascimento da obrigação tributária é desprendida da natureza do objeto ou dos efeitos dos atos praticados.

Assim, por exemplo, o tráfico de drogas nunca será hipótese de incidência do imposto de renda; contudo, a atividade ilícita referida pode, no mundo dos fatos (fato imponível), proporcionar a aquisição da disponibilidade econômica ou jurídica de renda, sendo irrelevante que tal aquisição tenha-se verificado em decorrência da mencionada atividade ilícita.

Oliveira (1998:292) leciona que a relevância do fato gerador tributário tem como base a pluralidade de consequências que provoca, bastando ver, por exemplo, que ele identifica o momento em que nasce a obrigação tributária (art. 114, CTN) e define a lei aplicável (art. 144, CTN), bem como distingue as espécies tributárias (art. 4º, CTN).

O fato gerador surge diante de uma situação de fato ou de uma situação jurídica. Tratando-se de situação de fato, a ocorrência e os efeitos do fato gerador se dão desde o momento em que se verifiquem as circunstâncias materiais necessárias para produzir os efeitos que normalmente lhe são próprios (art. 116, I, CTN). Ou seja, o aplicador da lei precisa identificar a realização material do evento previsto na lei, como é o caso da prestação de um serviço de qualquer natureza.

Por outro lado, o fato gerador correspondente a uma situação jurídica ocorre desde o momento em que esta esteja definitivamente constituída (juridicamente aperfeiçoada), nos termos de direito aplicável (art. 116, II, CTN). Nesse caso, o aplicador da lei deve averiguar as regras jurídicas pertinentes para concluir que o fato gerador do tributo se consumou, como é o caso da propriedade de um bem imóvel.

Vale mencionar que o art. 116 do CTN está relacionado ao aspecto temporal do fato gerador dos tributos, definindo-o para as situações em que a lei instituidora não venha a determiná-lo.

Em caráter supletivo ao inciso II do art. 116, o art. 117 do próprio CTN trata dos negócios jurídicos condicionais, isto é, aqueles em que o efeito do ato jurídico está subordinado a evento futuro e incerto. O inciso I do referido art. 117 estabelece que, sendo suspensiva a condição, o fato gerador se considera ocorrido desde o momento de seu implemento. Vale lembrar que a condição suspensiva ocorre quando se protela a eficácia do ato até a materialização de acontecimento futuro e incerto. Enquanto não ocorrer o evento, não haverá efeito na esfera tributária.

Já o inciso II do mesmo art. 117 determina que, "sendo resolutória a condição, o fato gerador se considera ocorrido desde o momento da prática do ato ou da celebração do negócio". A cláusula resolutiva tem por finalidade a extinção do direito criado pelo ato, depois da concretização do acontecimento futuro e incerto.

Como orienta a doutrina[8] em direito tributário, constituem aspectos do fato gerador.

O aspecto material

É o "núcleo" ou a "materialidade" do fato gerador e que é a própria situação fática, descrita pelo legislador, apta a gerar a obrigação tributária. Normalmente, vem expresso por um verbo e um complemento (por exemplo, "auferir renda", "adquirir imóvel").

O núcleo do fato gerador são as situações que a lei elege como aptas a gerarem a incidência do tributo. A compra e venda de imóvel é uma situação apta a gerar o pagamento do imposto sobre transmissão *inter vivos* (ITBI). Da mesma forma, a proprie-

---

[8] Torres, 2004:249 e segs.; e Rosa Júnior, 2005:510-511.

dade de um imóvel localizado em área urbana de determinado município é situação apta a gerar o pagamento do imposto sobre a propriedade predial e territorial urbana (IPTU).

O aspecto subjetivo

Tal aspecto está representado pelos sujeitos ativo e passivo. O primeiro é o credor da obrigação tributária, enquanto o segundo é o devedor.

O aspecto espacial

Trata-se do lugar onde ocorre o fato gerador, de acordo com o âmbito espacial da lei. Tal aspecto se mostra relevante para se determinar qual ente da federação será competente para proceder a tributação. A correta delimitação do aspecto espacial do fato gerador pode dirimir eventuais conflitos, por exemplo, entre municípios que se julguem competentes para cobrar o imposto sobre serviços de qualquer natureza (ISS) incidente sobre a prestação de determinado serviço de informática.

O aspecto temporal

Diz respeito ao momento em que ocorre o fato gerador. Trata-se de aspecto importante para se identificar qual será a lei que vai reger determinado fato, ou seja, é importante para solucionar os eventuais conflitos de leis no tempo, principalmente com relação ao princípio da anterioridade tributária. Quanto ao aspecto temporal, existem três tipos de fatos geradores:

- *fato gerador instantâneo* — um único fato ocorre em certo momento do tempo e nele se esgota totalmente (por exemplo, a importação de certo bem, no II, ou a transmissão de

um imóvel, no ITBI). Para cada fato gerador que se realiza, surge uma obrigação de pagar tributo;
- *fato gerador periódico ou complexivo* — abrange diversos fatos isolados que ocorrem em determinado espaço de tempo. Esses fatos, somados, aperfeiçoam o fato gerador do tributo. O fato gerador será a soma de todos os fatos que ocorreram num determinado período de tempo. O imposto sobre a renda e proventos de qualquer natureza (IR) é um exemplo de fato gerador periódico, pois inclui a soma de vários fatos que ocorreram num determinado período durante o qual o contribuinte auferiu renda, aptos a gerar o pagamento do imposto. Mas deve-se atentar para a circunstância de que o desconto em folha do imposto sobre a renda na fonte não é pagamento de imposto, e sim antecipação do pagamento do tributo. O fato gerador vai se aperfeiçoar no decorrer do ano, quando se faz a declaração de ajuste anual. Nesse momento, verificar-se-á tudo o que foi pago antecipadamente e, então, será constatado se há tributo a pagar ou a restituir, ou se foram zeradas as contas com o governo;
- *fato gerador continuado* — ocorre quando a situação do contribuinte se mantém no tempo, mas a apuração do imposto é mensurada em cortes temporais. Assim, pelo fato de ser determinado e quantificado em certo momento do tempo, assemelha-se ao fato gerador instantâneo, porém aproxima-se do fato gerador periódico ao incidir por períodos de tempo. Nessa modalidade, é indiferente se as características da situação foram se alterando ao longo do tempo, porque o que importa são as características presentes no dia em que se considera o fato ocorrido. Em verdade, trata-se de espécie de fato gerador relacionado a situações que tendem a permanecer no tempo, como acontece com a propriedade de um imóvel ou de um automóvel, por mais que a mesma seja transferida a terceiros. Pode-se comparar o fato gerador

continuado a uma novela que se desenvolve no decorrer de cada capítulo e se completa com o capítulo final. Cada capítulo é de grande relevância para o desfecho da obra.

Vale mencionar que o STJ, quando do julgamento do REsp nº 38.344/PR por meio de sua Primeira Turma, ao tratar da repartição de receitas tributárias dos municípios sobre o valor acrescido a tributar, na incidência do ICMS sobre a produção de energia elétrica de Itaipu, entendeu que o imposto em tela não é múltiplo, complexo ou continuado, mas instantâneo, o que dá relevância ao aspecto temporal para a consequente incidência normativa e tem reflexo direto na determinação do local do fato gerador.[9]

Assim, as operações mercantis decorrentes da produção e venda de energia elétrica gerada pela usina de Itaipu são promovidas tão só no município de Foz do Iguaçu — local onde se dá o fato gerador do ICMS —, único com direito à adição de valor proporcionado por aquela operação, já que não houve nenhuma operação mercantil nos municípios limítrofes, ainda que inundados para a formação do lago, falecendo-lhes, dessa forma, o direito de partilhar os valores adicionados em virtude da venda de energia elétrica produzida.

O aspecto quantitativo

Fixa o valor da obrigação tributária — o *quantum debeatur*. Existem dois elementos na fixação da obrigação tributária: a base de cálculo e a alíquota.[10]

---

[9] STJ. 1ª Turma. REsp nº 38.344/PR. Rel. Min. Humberto Gomes de Barros. j. 28.09.1994. *DJ*, 31 out. 1994.
[10] Rosa Júnior (2005:511) identifica esse aspecto com o mesmo sentido conceitual, mas sob a nomenclatura de "aspecto valorativo".

BASE DE CÁLCULO

É a expressão legal e econômica do fato gerador. É a grandeza sobre a qual incide a alíquota. Algumas bases de cálculo se confundem com o próprio fato gerador do tributo, como é o caso do imposto sobre a renda e proventos de qualquer natureza, em que o fato gerador é a renda e, também, a sua base de cálculo. Então, há uma correspondência entre a base de cálculo e o fato gerador, mas essa correspondência não é obrigatória. Não deve haver, necessariamente, uma correspondência ideal, e sim uma pertinência, ou seja, a base de cálculo tem que expressar a medida de grandeza do fato gerador.

O Supremo Tribunal Federal, por intermédio de sua Primeira Turma e no bojo do julgamento do RE nº 92.996-7/SP, entendeu que, na hipótese de a base de cálculo do imposto de importação tomar como parâmetro o valor constante na fatura do bem importado, o indicativo desse valor deve ser constituído por critérios objetivos e gerais. Portanto, é inválida a formação arbitrária da base de cálculo levantada a partir de elementos próprios da autoridade fazendária, de conteúdo totalmente aleatório e subjetivo, desamparado de suporte legal ou regulamentar.[11]

Deve-se acrescentar que os tributos fixos não têm base de cálculo, porque a sua quantificação está previamente definida na lei, ou seja, aquelas hipóteses em que o valor do tributo é fixado pela própria previsão normativa, não havendo nem base de cálculo, nem alíquotas individualizadas, sendo exemplo claro o ISS incidente sobre os serviços prestados por profissionais liberais.

A base imponível, por seu turno, mede e confere determinado fato praticado pelo sujeito passivo. Assim, numa dada

---

[11] STF. 1ª Turma. RE nº 92.996-7/SP. Rel. Min. Rafael Mayer. j. 05.12.1980. *DJ*, 20 fev. 1981.

operação, o legislador pode eleger como base imponível a medida da operação (litros, metros etc.) ou o seu valor (reais). A base imponível pode ser de duas espécies distintas: mensurada em dinheiro ou técnica.

- *Base imponível em dinheiro*: é a base de cálculo comum (hodierna) e está sempre relacionada à alíquota *ad valorem* (expressa em percentual). Assim, para que se possa, por exemplo, calcular o valor do IPTU, deve-se determinar o valor venal do imóvel (base de cálculo expressa em dinheiro) e multiplicá-lo por uma alíquota de $x\%$.
- *Base imponível técnica*: é uma unidade de medida qualquer que não seja dinheiro. A unidade de medida existe porque em certos tributos é mais fácil e seguro para o ente tributante o controle da quantidade do que o controle do valor de determinada operação. A tributação com base no controle da atividade é muito comum na área petrolífera.

Sobre a unidade de medida incide uma alíquota específica, que normalmente é um valor fixo em dinheiro.

Suponha-se, portanto, que o imposto sobre importação de produtos estrangeiros (II) sobre o aço seja de R$ 100 por tonelada. A tonelada será a base de cálculo técnica, e os R$ 100 serão a alíquota específica. Portanto, a alíquota específica é sempre referente a uma base de cálculo técnica.

Alíquota

É a fração ou cota estabelecida na lei a que o Estado faz jus sobre o fato jurídico tributário (base de cálculo). Em regra, a determinação do montante do tributo devido depende da aplicação da alíquota sobre a base de cálculo. A alíquota pode ser *ad valorem* ou específica:

- a alíquota *ad valorem* se expressa na forma de percentual e incide sobre base de valor (por exemplo, preço de arrematação, de venda, de serviço etc.);
- a alíquota *específica*, por sua vez, é utilizada quando o legislador define a base de cálculo por outro critério diferente da pecúnia. Ou seja, é um *quantum* fixo ou variável (expressão monetária) incidente sobre determinada unidade de medida (base imponível), não monetária, previamente fixada pela lei tributária (por exemplo, litro para combustíveis e bebidas; metro para a fabricação de tecidos; peso etc.). O *quantum* variável assim o é em função de escalas progressivas da base de cálculo (por exemplo, R$ 1 por litro de gasolina, até 50 litros; R$ 2 por litro de gasolina, de 51 a 100 litros etc.).

A adoção da alíquota específica é muito comum nos impostos aduaneiros, em que ocorre a importação e exportação de bens, e no imposto sobre produtos industrializados (IPI). Podemos vislumbrar, como exemplo, a cobrança de R$ 1 de IPI (*quantum*) a cada vintena de cigarros (base imponível).

Deve-se observar que a alíquota não se confunde com o tributo fixo, pois este é uma unidade monetária invariável em função de uma realidade fática estática. O tributo fixo é comum nas taxas cobradas em razão do exercício do poder de polícia, nas quais, em função de um ato invariável do Estado, estabelece-se um *quantum* fixo.

Finalmente, cumpre salientar que o CTN, tendo classificado a obrigação tributária como principal e acessória, foi induzido pela postura conceitualista a estabelecer duas espécies de fatos geradores:

- *fato gerador da obrigação principal* — é "a situação definida em lei como necessária e suficiente à sua ocorrência" (art. 114, CTN). Deve-se observar que a doutrina e as leis tributárias, quando tratam do fato gerador da obrigação principal, referem-se ao fato gerador do tributo. Quando o objeto a ser tratado é o ilícito tributário, não é feita qualquer menção ao termo *fato gerador*, mas à infração tributária;

- *fato gerador da obrigação acessória* — "é qualquer situação que, na forma da legislação aplicável, impõe a prática ou a abstenção de ato que não configure obrigação principal" (art. 115, CTN). O conceito é determinado por exclusão, pois se refere a toda a hipótese que faça surgir uma obrigação cujo objeto não seja uma prestação pecuniária, como, por exemplo, no caso do dever de emitir nota fiscal.

Questões de automonitoramento

1. Após ler este capítulo, você é capaz de resumir o caso gerador, identificando as partes envolvidas, os problemas atinentes e as possíveis soluções cabíveis?
2. Defina obrigação tributária.
3. Discorra sobre fato gerador e os elementos que compõem seu conceito.
4. Diferencie base de cálculo e alíquota.
5. Diferencie obrigação tributária principal e acessória a partir de seus fatos geradores.
6. Pense e descreva, mentalmente, outras alternativas para a solução do caso gerador.

2

Obrigação tributária II

Caso gerador

Carlos, diretor financeiro da sociedade Investimentos Inteligentes Ltda. e responsável, conforme contrato social, pelo recolhimento dos tributos devidos pela empresa, deixou de recolher no vencimento tributos por ela devidos. Algum tempo depois, a empresa é autuada, arguindo em sua defesa a tese de que a responsabilidade de Carlos pelo não recolhimento do tributo devido é pessoal, o que por si só exclui a responsabilidade da empresa.

Pergunta-se: procede a linha de argumentação sustentada pela sociedade Investimentos Inteligentes Ltda.?

Roteiro de estudo

Responsabilidade tributária

A matéria referente à responsabilidade tributária está prevista nos arts. 128 a 135 do CTN. De acordo com o art. 128 do referido diploma, a lei pode atribuir de modo expresso a responsabilidade pelo crédito a terceira pessoa, vinculada ao fato gerador da respectiva obrigação, excluindo a responsabilidade do contribuinte ou atribuindo-a a este em caráter supletivo do cumprimento total ou parcial da referida obrigação.

A figura do responsável é espécie do gênero sujeito passivo da obrigação tributária, sendo aquele que, sem revestir a condição de contribuinte, possui obrigação decorrente de disposição expressa de lei (art. 121, parágrafo único, II, CTN). Ao contrário do contribuinte, que realiza concretamente o fato gerador da obrigação principal (sujeito passivo direto), o responsável é aquele que de alguma forma está relacionado à situação que constitui o fato gerador (sujeito passivo indireto).

Não é qualquer vínculo com o fato gerador que provoca a responsabilidade de terceiro, mas somente aquele que permita fazer com que o tributo a recolher não onere o responsável. Assim, a lei deve prever meios para que o pagamento do tributo não o onere.

De acordo com Amaro (2003:296), "esse personagem (que não é o contribuinte, nem, obviamente, ocupa o lugar do credor) é um *terceiro*, que não participa do *binômio Fisco-contribuinte*". Ou seja, é elegível como sujeito passivo à vista de um liame indireto com o fato gerador.

A responsabilidade tributária pode ser de dois tipos.

- Por substituição, que se subdivide em:
   a) para trás;
   b) para a frente.
- Por transferência, que, por sua vez, se subdivide em:
   a) por sucessão:
      a.1) *inter vivos* (arts. 130 e 131, I, CTN);
      a.2) *mortis causa* (art. 131, I e II, CTN);

a.3) societária (art. 132, CTN);
a.4) comercial (art. 133, CTN).
b) por imputação legal (responsabilidade de terceiros):
b.1) subsidiária (art. 134, CTN);
b.2.) pessoal — transferência por substituição (art. 135, CTN).

Conforme a classificação apresentada, a responsabilidade tributária pode ser por substituição ou por transferência. Na substituição tributária, a lei determina que o substituto ocupe o lugar do contribuinte desde o nascimento da obrigação tributária. Por outro lado, na responsabilidade por transferência, nasce o fato gerador, ocorre a obrigação tributária para o contribuinte e, em ocasião posterior, de acordo com algumas circunstâncias, a lei transfere a responsabilidade para o terceiro.

Substituição tributária

Na responsabilidade por substituição, a lei prevê que, desde a ocorrência do fato gerador, a obrigação tributária deve ser cumprida pelo responsável. A obrigação tributária já nasce com seu polo passivo ocupado por um substituto legal tributário.

O motivo de tamanha complexidade está em razões de ordem prática para otimizar a cobrança e a fiscalização dos tributos, ou seja, é mais fácil cobrar do substituto.

O fenômeno da substituição tributária se dará no plano da norma, quando esta estabelece que o fato gerador ocorrerá em face do responsável. Atente-se bem para o seguinte: na substituição tributária não há sequer a figura da solidariedade. O substituto tributário, nessa condição, tem uma dívida própria, em vez de uma dívida alheia. Atua como se fosse o contribuinte. Ele só não é contribuinte porque não realiza o fato gerador.

O art. 128, do CTN estabelece os três requisitos necessários para a substituição tributária:

1º — deve decorrer da lei, ou seja, deve haver previsão legal expressa de quem é o substituto e o substituído;
2º — deve existir um liame jurídico ou econômico entre o substituto e o substituído;
3º — deve ser garantido o imediato direito de regresso do substituto em face do substituído; daí a necessidade da existência de uma relação jurídica ou econômica entre ambos.

O princípio da capacidade contributiva é auferido em face do substituído, pois é este quem pratica o fato gerador do tributo. No entanto, o substituto, por estar no lugar do substituído, paga o valor correspondente ao débito tributário.

Substituição tributária para trás

Na substituição tributária para trás, o elemento posterior da cadeia econômica paga pelo elemento anterior. O fato gerador já ocorreu quando da substituição tributária, ou seja, já estão delineados todos os elementos da relação obrigacional: o contribuinte, o *quantum debeatur* etc.

A lei necessariamente deve prever expressamente os casos em que a substituição ocorrerá. A modalidade em análise tem como característica predominante o fato de, no início da cadeia econômica, dispor de pequenos credores, difíceis de serem fiscalizados. Por outro lado, mais à frente da cadeia é que se encontra, por via de regra, o "bom credor", ou seja, o credor solvente e de fácil fiscalização.

Exemplo clássico é o dos laticínios. A empresa de laticínios, para fabricar produtos derivados do leite, adquire-o de pequenos produtores. Sabe-se que é muito mais difícil para o fisco cobrar desses pequenos produtores leiteiros. Assim, a lei determina que a responsabilidade tributária incida sobre a empresa de laticínio, apesar de o fato gerador ter ocorrido no momento em que o produtor vendeu o leite. A empresa, então, irá se ressarcir do imposto que seria originariamente devido pelo pequeno produtor, não fosse a determinação legal da substituição tributária. O ressarcimento ocorrerá no momento em que a empresa adquirir o leite do pequeno fazendeiro.

No que se refere à natureza jurídica da retenção na fonte do imposto sobre a renda, existem duas correntes doutrinárias. Para a primeira corrente, defendida por Torres (2004:261), a retenção na fonte é uma das formas de substituição tributária, por consistir na retenção, por uma terceira pessoa vinculada ao fato gerador, do imposto devido pelo contribuinte.

Dessa forma, o empregador seria o substituto, e o empregado, o substituído. De acordo com essa corrente, quando o empregador retém o imposto e o recolhe ao erário, o fato gerador "auferir renda" já teria ocorrido. Assim, haveria uma substituição tributária para trás.

Contudo, a segunda corrente, defendida, entre outros, por Coelho (2001:613), entende que a retenção na fonte é mero dever instrumental imposto a terceiro, o qual tem à sua disposição dinheiro pertencente ao contribuinte, em razão de relação extratributária. De acordo com essa segunda corrente, os agentes retentores não são sujeitos passivos da relação tributária, ou seja, não são contribuintes nem responsáveis, mas apenas agentes arrecadadores. Por isso não podem figurar no polo passivo da relação tributária. A consequência da adoção dessa linha de raciocínio é que os agentes retentores não teriam legitimidade para discutir a cobrança do tributo. No mesmo sentido é a doutrina de Greco (1997:148).

Para essa corrente, portanto, o agente retentor estaria obrigado a um dever meramente instrumental (obrigação de fazer) perante a Fazenda pública, ou seja, de reter e pagar o tributo devido pelo contribuinte. A crítica que a segunda corrente faz à primeira é que não seria o caso de substituição tributária porque esta só é cabível nas hipóteses de tributos que seguem uma cadeia econômica, como ocorre, por exemplo, com o ICMS e o imposto sobre produtos industrializados (IPI).

Substituição tributária para a frente

A base legal da substituição tributária para a frente está no art. 150, §7º, da CF. Trata-se de modalidade que foi positivada na Constituição Federal pela Emenda Constitucional nº 3/93.

A substituição para a frente é aquela em que o pagamento do tributo ocorre antes do fato gerador e envolve, normalmente, os impostos incidentes sobre a produção e a circulação, ou seja, impostos que seguem a cadeia econômica.

O mecanismo é o seguinte: o elemento anterior da cadeia (A) paga o tributo para os demais elementos que estão na sua frente, antes mesmo de o fato gerador ocorrer para estes. De acordo com essa sistemática, a responsabilidade pelo pagamento do tributo é retirada do comerciante varejista e passada para o atacadista, o que leva o primeiro elemento da cadeia a pagar pelos demais elementos, mesmo antes de ocorrer o fato gerador.

A substituição tributária para a frente pode ser vislumbrada no exemplo a seguir. Imaginemos uma cadeia econômica no setor automobilístico, em que A seja a montadora de automóveis; B, a concessionária; e C, o adquirente final. Como se sabe, quem sofre o ônus do tributo é o último da cadeia, ou seja, o adquirente. Porém, antes mesmo de o veículo chegar à concessionária, a montadora já pagou o imposto sobre a circulação de mercadorias e sobre a prestação de serviços de transporte interestadual e intermunicipal e de comunicação (ICMS), com base na presunção de que todos os automóveis serão vendidos. Por isso é que se fala em substituição tributária para a frente, porque a montadora pagou um tributo que deveria ser pago na operação que se realizaria à frente.

A situação descrita se dá porque existem muito menos montadoras de automóveis do que concessionárias; então, fica muito mais fácil para o fisco cobrar das primeiras. O mesmo ocorre, por via de regra, na cadeia econômica dos cigarros, das bebidas e dos remédios.

Concluindo, na substituição tributária para a frente, o elemento anterior da cadeia paga pelo elemento posterior. Não há que se confundir a incidência com o pagamento: a incidência tributária se dá na operação da frente, mas o pagamento ocorre em operação anterior.

Quid iuris se o fato gerador não ocorrer? A resposta à indagação requer um breve histórico. Antes do advento da EC nº 3/93, discutia-se a constitucionalidade dessa situação, pois havia o entendimento de que se estava atingindo dois princípios basilares do direito constitucional tributário: o princípio da capacidade contributiva — constatado no momento da ocorrência do fato gerador — e também o princípio da anterioridade, porque se estaria cobrando um tributo antes da ocorrência do fato gerador.

A controvérsia foi dirimida pelo STF (RE nº 213.396/SP[12] e nº 194.382/SP).[13] A Suprema Corte entendeu que, após a EC nº 3/93, não há que se falar em inconstitucionalidade, visto que o poder constituinte derivado está excepcionando princípios, e isso é perfeitamente possível, porque se trata de uma norma constitucional. Portanto, só houve discussão quanto à constitucionalidade relativamente ao período anterior à EC nº 3/93, pois a lei previa a substituição para a frente sem haver

---

[12] STF. Primeira Turma. RE nº 213.396/SP. Rel. Min. Ilmar Galvão. j. 02.08.1999. *DJ*, 1 dez. 2000.
[13] STF. Pleno. RE nº 194.382/SP. Rel. Min. Maurício Corrêa. j. 25.04.2003. *DJ*, 25 abr. 2003.

previsão constitucional. Porém, o STF julgou constitucionais as disposições legais arguidas de inconstitucionalidade, ficando sedimentado que, na verdade, não se está antecipando a ocorrência do fato gerador, e sim o pagamento.

Vale consignar que o §7º do art. 150, da CF determina que, caso não se realize o fato gerador presumido, a lei assegurará a imediata e preferencial restituição da quantia paga. A Lei Complementar nº 87/96, que trata do ICMS, prevê no seu art. 10 que o ressarcimento ocorrerá através de pedido escrito do contribuinte, tendo o Estado 90 dias para deferi-lo ou não. Caso o deferimento não se dê expressamente dentro do prazo, o pedido estará tacitamente deferido, ou seja, terminado esse prazo o contribuinte poderá se creditar.

O art. 10 da LC em referência é criticável e aparentemente inconstitucional, porque a CF estabelece a imediata e preferencial restituição, nada mencionando a respeito do prazo de 90 dias. Por outro lado, a Fazenda pública defende a constitucionalidade do dispositivo, argumentando que a imediata e preferencial restituição ocorre de acordo com os termos da lei.

Importante observar que, caso o produto seja vendido por um preço menor do que o utilizado para a formação da base de cálculo do tributo, também haverá o ressarcimento.

Quem tem direito de pleitear a devolução do tributo pago? Caso o fato gerador não se realize, quem tem o direito de pedir a devolução do tributo pago é o substituído, pois é ele quem sofre o ônus econômico (art. 10, LC nº 87/96). Apesar de o substituto fazer a retenção do tributo na fatura e proceder ao recolhimento no banco, não pode pedir a restituição, já que não sofre nenhum ônus econômico.

Pelo exposto, quando a montadora de automóveis (substituto) vende os veículos para a concessionária (substituída), ela retém o imposto e recolhe, mas é a concessionária que é onerada e, por isso, tem o direito de pleitear a restituição. Em suma, quem tem o direito de se creditar é o substituído, ou seja, a pessoa que sofre o ônus econômico.

Vale consignar, por oportuno, que por meio de inúmeros julgados os nossos tribunais, em regra, reconhecem o direito de o contribuinte pleitear a restituição do imposto recolhido a maior, desde que comprove a sua submissão ao regime de substituição tributária e que promoveu a venda por preço inferior àquele estipulado/presumido pela Fazenda pública.

De toda forma, o pretório excelso, quando do julgamento da ADI nº 1.851-4/AL,[14] cuja controvérsia cingia-se à análise da constitucionalidade de cláusula segunda do Convênio ICMS 13/97, entendeu como juridicamente irrelevante a circunstância de que o tributo tenha sido recolhido a maior ou a menor em relação ao preço pago pelo consumidor final do produto, porquanto a base de cálculo é definida previamente em lei e, nesse sentido, não importa se veio ou não, posteriormente, a corresponder à realidade.

Para melhor compreensão do tema, vale contextualizar a celeuma que girou em torno de tal ação direta de inconstitucionalidade, um dos *leading cases* sobre o tema. Para tanto, transcreve-se parte do Informativo nº 267 do STF, *verbis*:

> Substituição tributária: EC 3/93
>
> Concluído o julgamento de ação direta de inconstitucionalidade ajuizada pela Confederação Nacional do Comércio — CNC contra a cláusula segunda do Convênio ICMS 13/97 que, disciplinando o regime de substituição tributária, não admite a restituição ou a cobrança suplementar do ICMS quando a operação ou prestação subsequente à cobrança do imposto se realizar com valor inferior ou superior ao anteriormente esta-

---

[14] STF. Pleno. ADI nº 1.851/AL. Rel. Min. Ilmar Galvão. j. 08.05.2002.

belecido. Sustentava-se, na espécie, ofensa ao §7º do art. 150 da CF (na redação introduzida pela EC 3/93), sob a alegação de ser devida a restituição do imposto sempre que o fato gerador ocorresse em montante menor daquele que fora presumido. O tribunal, por maioria, julgou improcedente a ação e declarou a constitucionalidade do dispositivo impugnado por entender que a restituição assegurada pelo §7º do art. 150 da CF restringe-se apenas às hipóteses de não vir a ocorrer o fato gerador presumido, não havendo que se falar em tributo pago a maior ou a menor por parte do contribuinte substituído, porquanto o sistema da substituição tributária progressiva é adotado para produtos cujos preços de revenda final são previamente fixados ou tabelados, sendo, por isso, apenas eventuais as hipóteses de excesso de tributação. Salientou-se, por fim, que a admissão da possibilidade de restituição implicaria o retorno do regime de apurações mensais do imposto, o que inviabilizaria o próprio instituto da substituição tributária progressiva. Vencidos os ministros Carlos Velloso, Celso de Mello e Marco Aurélio, que julgavam procedente a ação, ao entendimento de que a norma impugnada, ao excluir a possibilidade de restituição na hipótese de imposto pago a maior, violaria o §7º do art. 150 da CF ("a lei poderá atribuir a sujeito passivo de obrigação tributária a condição de responsável pelo pagamento de imposto ou contribuição, cujo fato gerador deva ocorrer posteriormente, assegurada a imediata e preferencial restituição da quantia paga, caso não se realize o fato gerador presumido."). Precedente citado: RE 213.396-SP (DJU de 1-12-2000). ADIn 1.851-AL, rel. min. Ilmar Galvão, 8-5-2002.(ADI-1851).

Destarte, pugnando por tal linha de raciocínio, reconhecendo a constitucionalidade da cláusula avençada no Convênio ICMS 13/97, a Suprema Corte vedou a restituição do referido imposto nas hipóteses em que a operação subsequente à cobrança da exação, sob a sistemática da substituição tributária para a frente, realizar-se-á com valor inferior ao efetivamente recolhido antecipadamente por força da utilização da base de cálculo presumida, ou seja, quando a base de cálculo real for menor que a base de cálculo estabelecida legalmente pelo fisco.

Note-se que tal decisão refletiu-se, de fato, na inclusão, pelos Estados conveniados, de diversos produtos no regime de substituição tributária, não raro estabelecendo preços elevados como base de cálculo presumida. E mais, os estados de Pernambuco e São Paulo, diante do teor do julgamento da ADI nº 1.851-4/AL, ajuizaram duas ações diretas de inconstitucionalidade, em face de dispositivos de leis de suas próprias esferas estaduais que garantem a restituição do ICMS pago antecipadamente no regime de substituição tributária, nas hipóteses em que a base de cálculo da operação for inferior à presumida.

Em fevereiro de 2007, o Supremo Tribunal Federal retomou julgamento de ambas as ADIs. O ministro Cezar Peluso, quanto à ADI nº 2.675/PE, que até a presente data aguarda o voto de desempate do ministro Carlos Britto, votou pela improcedência do pedido, reiterando os fundamentos do voto que proferiu como relator no bojo da ADI nº 2.777/SP, que também aguarda o voto de desempate do ministro Carlos Britto.

Vale ressaltar que os relatores das ADIs pendentes de julgamento declinaram seu entendimento pela improcedência das ações, no sentido da prevalência da base de cálculo real sobre a presumida, sob o argumento, entre outros não menos relevantes, de que, *in casu*, a vedação ao ressarcimento constituiria enriquecimento sem causa por parte do erário e violação ao princípio da capacidade contributiva.

Transferência tributária

Na responsabilidade por transferência, a obrigação tributária nasce em face do contribuinte, que pratica o fato gerador.

Entretanto, por circunstâncias posteriores, estabelecidas na lei, a responsabilidade pelo pagamento do tributo é transferida para outra pessoa. O deslocamento para um terceiro da condição de devedor depende da ocorrência de um evento.

Nesse ponto é que fica estabelecida a diferença básica entre a responsabilidade por substituição e a responsabilidade por transferência, pois nesta última a responsabilidade somente surgirá após a ocorrência do fato gerador do tributo, tendo em vista circunstâncias previstas na lei. Exclui-se o contribuinte e introduz-se a figura do responsável, que vai se sub-rogar no lugar do contribuinte.

É o que acontece, por exemplo, na sucessão *causa mortis*: Caio (contribuinte) adquire uma motocicleta nova — nesse momento, ocorre o fato gerador do IPVA — mas, uma semana depois da compra, vem a falecer, o que provoca a transferência do débito tributário para o seu espólio. Ou seja, em função de uma circunstância que se deu após a ocorrência do fato gerador, o contribuinte sai da relação tributária, e entra o espólio, que responderá pela dívida até às forças da herança.

Vale atentar para o fato de que a dívida do responsável tributário, nessa condição, é própria, e não alheia, porque ele atua como se fosse o contribuinte. Ele só não é efetivamente contribuinte porque não realiza o fato gerador.

Transferência por sucessão

A transferência por sucessão, que implica a modificação subjetiva passiva, pode ser *inter vivos*, *causa mortis*, societária ou comercial.

Transferência por sucessão inter vivos

A base legal da transferência por sucessão *inter vivos* está prevista nos arts. 130 e 131, I, do CTN. De acordo com o art. 130, os créditos tributários relativos a impostos que tenham como fatos geradores a propriedade, o domínio útil ou a posse de bens imóveis, assim como os relativos a taxas pela prestação de serviços referentes a tais bens ou a contribuições de melhoria sub-rogam-se na pessoa dos respectivos adquirentes, a não ser que conste do título a prova de sua quitação, o que demonstra a extinção da obrigação.

Conforme o teor do dispositivo, se Caio tem um imóvel com débito de IPTU referente aos anos de 2000 a 2004 e o vende para Tício, o débito tributário vai passar para este último, que se sub-roga naquele débito, salvo se no título constar a prova de quitação.

O parágrafo único do mesmo art. 130 do CTN determina que a sub-rogação ocorra sobre o respectivo preço, na hipótese de arrematação em hasta pública. Ou seja, no caso de imóvel adquirido em hasta pública, o valor do tributo vai estar embutido no preço de venda. Importante lembrar que a aquisição em hasta pública é originária, de modo que a parte adquire o imóvel sem quaisquer ônus.

Transferência por sucessão causa mortis

De acordo com o art. 131, II, do CTN, o sucessor é o herdeiro ou o legatário. É fácil depreender que o dispositivo trata da sucessão *causa mortis*, pois estabelece que a responsabilidade está limitada aos "tributos devidos pelo *de cujus*" e às forças do quinhão ou meação do cônjuge supérstite. A limitação da responsabilidade existe exatamente para atender à capacidade econômica do sucessor responsável. Por sua vez, o art. 131, III, do CTN estabelece que o espólio responde não só pelos tributos relativos aos bens deixados e pelos que vencerem até a partilha, como também pelos do *de cujus* antes da abertura da sucessão.

Transferência por sucessão societária

De acordo com o art. 132, *caput*, do CTN, quando a pessoa jurídica de direito privado resultar de fusão, transformação em outra ou incorporação de outra, será responsável pelos tributos devidos até a data do ato pelas pessoas jurídicas de direito privado, fusionadas, transformadas ou incorporadas. Por sua vez, o parágrafo único do mesmo dispositivo determina que o *caput* do artigo se aplicará aos casos de extinção de pessoas jurídicas de direito privado, quando a exploração da respectiva atividade for continuada por qualquer sócio remanescente, ou seu espólio, sob a mesma firma ou outra razão social, ou sob firma individual.

Qual o objetivo do art. 132, *caput*, e seu parágrafo único? O objetivo é evitar que a evasão fiscal ocorra por meio da mudança da roupagem societária da empresa.

O CTN prevê, como mencionado, três hipóteses de mudança empresarial. A primeira é a fusão, que ocorre quando duas ou mais empresas se juntam formando uma nova. Os tributos devidos são transferidos para a nova empresa, evitando-se que os débitos tributários das empresas fusionadas desapareçam em decorrência da fusão.

A segunda é a transformação, que se refere à alteração da roupagem jurídica da sociedade (por exemplo, quando uma sociedade anônima se transforma em limitada, e vice-versa). Por último, a incorporação ocorre quando uma empresa absorve outra, que desaparece.

O rol do CTN não é exaustivo e, assim, abrange também a cisão, que ocorre quando a empresa se desmembra, formando duas diferentes. Quando o CTN entrou em vigor, ainda não existia a Lei das Sociedades Anônimas (Lei nº 6.404/76), e, portanto, ainda não havia previsão do instituto da cisão no ordenamento jurídico. Ademais, o combate à evasão não permite que o exegeta fique limitado às hipóteses previstas no CTN (fusão, transformação e incorporação).

TRANSFERÊNCIA POR SUCESSÃO COMERCIAL

A pessoa natural ou jurídica de direito privado que adquirir de outra, por qualquer título, fundo de comércio ou estabelecimento comercial, industrial ou profissional e der continuidade à respectiva exploração, sob a mesma ou outra razão social ou sob firma ou nome individual, responderá pelos tributos relativos ao fundo ou estabelecimento adquirido, devidos até a data do ato, na forma do que preceitua o art. 133 do CTN, *verbis*:

> I — integralmente, se o alienante cessar a exploração do comércio, indústria ou atividade;
>
> II — subsidiariamente com o alienante, se este prosseguir na exploração ou iniciar dentro de seis meses, a contar da data da alienação, nova atividade no mesmo ou em outro ramo de comércio, indústria ou profissão.

A transferência por sucessão comercial diferencia-se da sucessão societária porque nesta há mudança na estrutura societária, ou seja, não há transferência de propriedade, enquanto naquela existem a figura do adquirente e a do alienante de fundo de comércio.

De acordo com o que dispõe o CTN, a responsabilidade será exclusiva e integral do adquirente quando o alienante cessar a exploração. Por outro lado, se o alienante continuar exercendo a atividade ou iniciar uma nova atividade dentro de seis meses, a responsabilidade do adquirente será subsidiária.

O CTN nada dispôs sobre as multas nas hipóteses de transferência por sucessão comercial. Entende a doutrina que o silêncio do CTN é o do tipo eloquente, ou seja, em princípio (regra geral) a multa não se transfere. É coerente a doutrina que entende ser "impensável a ideia de sujeito passivo responsável como alguém que não tem relação pessoal e direta com a infração, mas é eleito (por disposição expressa de lei) para pagar a penalidade pecuniária cominada para uma infração que não tenha sido praticada por ele".[15]

Assim, a multa que tenha caráter de penalidade não se transfere, já que a pena não pode passar da pessoa do infrator. Com base nessa afirmação, se o *de cujus* não quitou um tributo na data de vencimento, ser-lhe-á imposta uma multa moratória, mas o espólio não poderá ser penalizado em decorrência da mora do *de cujus*.

O atraso no pagamento do tributo dá ensejo à incidência de juros, correção monetária (atualização do valor da moeda) e multa moratória. De acordo com o entendimento do STF, desde que já garantidos os juros e a correção monetária, a multa moratória tem natureza de penalidade.

Débitos tributários e o novo regime falimentar

A Lei Complementar nº 118, de 9 de fevereiro de 2005, ao acrescentar parágrafos ao *caput* do art. 133 do CTN, criou restrições à imputação da transferência de responsabilidade tributária por sucessão comercial. Vejamos o que dispõem os parágrafos acrescentados:

> §1º O disposto no *caput* deste artigo não se aplica na hipótese de alienação judicial:
>
> I — em processo de falência;
>
> II — de filial ou unidade produtiva isolada, em processo de recuperação judicial.

---

[15] Amaro, 2003:298.

§2º Não se aplica o disposto no §1º deste artigo quando o adquirente for:

I — sócio da sociedade falida ou em recuperação judicial, ou sociedade controlada pelo devedor falido ou em recuperação judicial;

II — parente, em linha reta ou colateral até o quarto grau, consanguíneo ou afim, do devedor falido ou em recuperação judicial ou de qualquer de seus sócios; ou

III — identificado como agente do falido ou do devedor em recuperação judicial com o objetivo de fraudar a sucessão tributária.

§3º Em processo da falência, o produto da alienação judicial de empresa, filial ou unidade produtiva isolada permanecerá em conta de depósito à disposição do juízo de falência pelo prazo de um ano, contado da data de alienação, somente podendo ser utilizado para o pagamento de créditos extraconcursais ou de créditos que preferem ao tributário.

A partir da leitura dos dispositivos ora transcritos, verifica-se claramente a intenção do legislador no sentido de estimular a satisfação dos credores do contribuinte que se encontra em processo de falência ou de recuperação judicial. Isso porque o fato de o adquirente ter que recolher os tributos relativos ao bem adquirido (regra observada até então) inibia a agilidade do processo de liquidação da massa falida.[16]

Com efeito, o novel §1º do art. 133 do CTN prevê expressamente a exclusão da responsabilidade do sucessor quanto aos tributos relativos a:

---

[16] Note-se que, à exceção de seus arts. 3º e 4º, a LC nº 118/05 foi editada para adaptar o CTN à Lei nº 11.101, de 9 de fevereiro de 2005, que reformulou as normas relativas ao processo de falência.

- fundo de comércio ou estabelecimento, industrial ou profissional, adquirido em alienação judicial no curso do processo de falência;
- filial ou unidade produtiva isolada de empresa em processo de recuperação judicial.

Adicionalmente, percebe-se que o §2º do dispositivo em questão estabelece restrições a essa benesse com o intuito de evitar que o mesmo seja utilizado de forma inidônea.

Finalmente, ao acrescentar o §3º à redação do art. 133 do CTN, o legislador vinculou o produto da alienação judicial à satisfação dos créditos extraconcursais,[17] daqueles derivados da legislação do trabalho e dos créditos com garantia real.[18]

Responsabilidade por imputação legal ou de terceiros

RESPONSABILIDADE SOLIDÁRIA

O art. 134 do CTN dispõe que, nos casos de impossibilidade de exigência do cumprimento da obrigação principal pelo contribuinte, responderão solidariamente com este nos atos em que intervierem ou pelas omissões de que forem responsáveis:

---

[17] De acordo com o art. 84 da Lei nº 11.101/05, serão considerados créditos extraconcursais os relativos a: a) remunerações devidas ao administrador judicial e seus auxiliares, e créditos derivados da legislação do trabalho ou decorrentes de acidentes de trabalho relativos a serviços prestados após a decretação da falência; b) quantias fornecidas à massa pelos credores; c) despesas com arrecadação, administração, realização do ativo e distribuição do seu produto, bem como custas do processo de falência; d) custas judiciais relativas às ações e execuções em que a massa falida tenha sido vencida; e e) obrigações resultantes de atos jurídicos válidos praticados durante a recuperação judicial ou após a decretação da falência, e tributos relativos a fatos geradores ocorridos após a decretação da falência, respeitada a ordem legal.

[18] Ver o art. 83 da Lei nº 11.101/05.

I — os pais, pelos tributos devidos por seus filhos menores;

II — os tutores e curadores, pelos tributos devidos por seus tutelados ou curatelados;

III — os administradores de bens de terceiros, pelos tributos devidos por estes;

IV — o inventariante, pelos tributos devidos pelo espólio;

V — o síndico e o comissário, pelos tributos devidos pela massa falida ou pelo concordatário;

VI — os tabeliães, escrivães e demais serventuários de ofício, pelos tributos devidos sobre os atos praticados por eles, ou perante eles, em razão do seu ofício;

VII — os sócios, no caso de liquidação de sociedade de pessoas.

Importante dizer que a responsabilidade subsidiária, expressa nos incisos do artigo em tela, tem como fundamento a culpa *in vigilando*.

A responsabilidade prevista no art. 134, do CTN, é subsidiária, e não solidária. Ou seja, o fato gerador nasce em face do contribuinte, e, após sua ocorrência, a lei estabelece que outra pessoa passe a ser responsável pelo tributo.

Pressupostos: que o contribuinte não possa cumprir a sua obrigação; que o terceiro tenha participado do ato que configure o fato gerador do tributo, ou tenha indevidamente se omitido em relação a este; a existência de uma relação entre a obrigação tributária e o comportamento daquele a quem a lei atribua responsabilidade.

A constatação de que a responsabilidade é subsidiária, e não solidária, pode ser feita pela simples leitura do artigo mencionado, haja vista a redação dele extraída: "nos casos de impossibilidade de cumprimento da obrigação principal". Assim, caso o contribuinte não pague, caberá ao responsável a incumbência de fazê-lo.

O parágrafo único do art. 134, por sua vez, determina que o dispositivo só será aplicável aos tributos e às penalidades de caráter moratório. O que se busca é atribuir e determinar a responsabilidade pelo pagamento da multa moratória que decorre do não pagamento do tributo no prazo avençado. Assim, o dispositivo não é aplicável às multas isoladas, que são aquelas relacionadas ao descumprimento de obrigações de fazer, o que é totalmente diferente da obrigação de pagar tributo (obrigação de dar).

A multa isolada é prevista, por exemplo, nas situações em que o contribuinte, apesar de não ter a obrigação de pagar determinado tributo, deve apresentar determinada documentação. O atraso na entrega de uma declaração de imposto de renda, por exemplo, ocasiona a incidência da referida multa. Definitivamente, não é essa a hipótese de que trata o parágrafo único do art. 134 do CTN.

Responsabilidade pessoal (art. 135, CTN)

O art. 135 do CTN estabelece quem (infrator) está sujeito à responsabilidade pessoal e exclusiva. Vejamos:

> I — as pessoas referidas no art. 134 do CTN (os pais, pelos tributos devidos por seus filhos menores; os tutores e curadores, pelos tributos devidos por seus tutelados ou curatelados; os administradores de bens de terceiros, pelos tributos devidos por estes; o inventariante, pelos tributos devidos pelo espólio; o síndico e o comissário, pelos tributos devidos pela massa falida ou pelo concordatário; os tabeliães, escrivães e demais serventuários de ofício, pelos tributos devidos sobre os atos praticados por eles, ou perante eles, em razão do seu ofício; os sócios, no caso de liquidação de sociedade de pessoas);
>
> II — os mandatários, prepostos e empregados;

III — os diretores, gerentes ou representantes de pessoas jurídicas de direito privado.

A responsabilidade do agente será pessoal quando ocorrer infração da lei, do contrato social ou dos estatutos, ou quando o agente agir com excesso de poder ou infração legal.

No que se refere à tese da atribuição de responsabilidade pessoal e exclusiva dos indicados no art. 135 do CTN, tendo por consequência direta a exoneração da responsabilidade da pessoa jurídica, a doutrina e a jurisprudência, em sua maioria,[19] têm admitido que tal hipótese cuida, a rigor, de responsabilidade solidária ou mesmo subsidiária.

Machado (2005:167-169) defende que a responsabilidade em tela é solidária, ou seja, a lei não atribuiu responsabilidade exclusiva aos indicados no mencionado artigo. Assim, para que houvesse exclusão da responsabilidade conjunta, teria que estar expressamente prevista na lei. Consigna o autor que

> a responsabilidade do contribuinte decorre de sua condição de sujeito passivo *direto* da relação obrigacional tributária. Independe de disposição legal que expressamente a estabeleça. Assim, em se tratando de responsabilidade inerente à própria condição de contribuinte, não é razoável admitir-se que desapareça sem que a lei o diga expressamente.

---

[19] Sustentando a tese minoritária de que a responsabilidade é pessoal, Amaro (2006:327), comentando a previsão contida no art. 135 do CTN e confrontando-a com o teor do art. 134 do mesmo diploma, registra que "esse dispositivo exclui do polo passivo da obrigação a figura do contribuinte (que, em princípio, seria a pessoa em cujo nome e por cuja conta agiria o terceiro), ao mandar que o executor do ato responda *pessoalmente*. A responsabilidade pessoal deve ter aí o sentido (...) de que ela não é compartilhada com o devedor 'original' ou 'natural'. Não se trata, portanto, de responsabilidade subsidiária do terceiro, nem de responsabilidade solidária. Somente o terceiro responde, 'pessoalmente'".

Nesse passo, seria possível sustentar, assim como Paulsen (2007:916), que, caso a pessoa jurídica tenha de alguma forma se beneficiado do ato, ainda que este tenha sido praticado com infração da lei ou com excesso de poderes, a sua responsabilidade será solidária, *ex vi* do disposto no art. 124 do próprio CTN, que atribui a solidariedade por interesse comum.[20]

Rosa Júnior (2007:435), por seu turno, leciona que a hipótese versada no art. 135 do CTN é de responsabilidade subsidiária, consoante inclusive ao posicionamento jurisprudencial do Superior Tribunal de Justiça.

De fato, o STJ se manifesta nesse sentido, sendo possível compilar julgados que reconhecem não cuidar o art. 135, III, do CTN de responsabilização unicamente pessoal dos diretores, gerentes ou representantes de pessoas jurídicas de direito privado. Vejamos:

> Processual civil e tributário. Execução fiscal. Redirecionamento ao sócio-gerente. Art. 135 do CTN. Prequestionamento. Súmula 211/STJ. 1. Quando articulada questão federal não ventilada no acórdão recorrido, o especial não merece ser conhecido, a teor da Súmula 211/STJ. 2. O pedido veiculado para o redirecionamento da execução fiscal exige a descrição de uma das hipóteses ensejadoras da *responsabilidade subsidiária* do terceiro pela dívida do executado. 3. Se a execução fiscal foi ajuizada somente contra a pessoa jurídica e, após o ajuizamento, foi requerido o seu redirecionamento contra o sócio-gerente, *incumbe ao Fisco a prova da ocorrência de alguns dos requisitos do art. 135 do CTN*, vale dizer, a demonstração de que este agiu com excesso de poderes, infração da lei ou do estatuto ou, ainda,

---

[20] Em sentido contrário, ver Moraes (1995:522).

de que houve a dissolução irregular da empresa. 4. Recurso especial conhecido em parte e provido.[21]

Processual civil. Recurso especial. Falta de prequestionamento. Tributário. Execução fiscal. Redirecionamento. Inadimplemento de tributo. Impossibilidade. 1. A falta de prequestionamento do tema federal, mesmo após a interposição de embargos de declaração, impede o conhecimento do recurso especial. 2. Para que se viabilize o redirecionamento da execução é indispensável que a respectiva petição descreva, como causa para redirecionar, uma das situações caracterizadoras da responsabilidade subsidiária do terceiro pela dívida do executado. O que não se admite — e enseja desde logo o indeferimento da pretensão — é que o redirecionamento tenha como causa pedir uma situação que, nem em tese, acarreta a responsabilidade subsidiária do terceiro requerido. 3. Segundo a jurisprudência do STJ, a simples falta de pagamento do tributo não configura, por si só, nem em tese, *situação que acarreta a responsabilidade subsidiária dos sócios*. 4. Recurso especial parcialmente conhecido e provido, divergindo do relator.[22]

Conforme noticiado no Informativo nº 353 do STJ, de abril de 2008, em caso de responsabilidade do sócio-gerente na execução fiscal,

A divergência, na espécie, é no tocante à natureza da responsabilidade do sócio-gerente na hipótese de não recolhimento de tributos. Esclareceu o min. relator que é pacífico, neste Superior Tribunal, o entendimento acerca da responsabilidade subjetiva daquele em relação aos débitos da sociedade. A responsabilidade

---

[21] STJ. Segunda Turma. REsp nº 937.960/SP. Rel. Min. Castro Meira. j. 26.06.2007. *DJ*, 8 ago. 2007 (grifo nosso).
[22] STJ. Primeira Turma. REsp nº 705.787/MG. Rel. Min. José Delgado. Rel. p/ Acórdão Min. Teori Albino Zavascki. j. 05.10.2006. *DJ*, 7 nov. 2006 (grifo nosso).

fiscal dos sócios restringe-se à prática de atos que configurem abuso de poder ou infração de lei, contrato social ou estatutos da sociedade (art. 135, CTN). O sócio deve responder pelos débitos fiscais do período em que exerceu a administração da sociedade apenas se ficar provado que agiu com dolo ou fraude e que a sociedade, em razão de dificuldade econômica decorrente desse ato, não pôde cumprir o débito fiscal. O mero inadimplemento tributário não enseja o redirecionamento da execução fiscal. Isso posto, a Seção deu provimento aos embargos. Precedentes citados: REsp 908.995-PR, DJ 25/3/2008, e AgRg no REsp 961.846-RS, DJ 16/10/2007. EAG 494.887-RS, Rel. Min. Humberto Martins, julgados em 23/4/2008, DJ 05/05/2008.

Assim, com relação ao art. 135, III, do CTN, fazemos a seguinte indagação: se uma empresa simplesmente deixa de pagar um tributo no seu vencimento, em razão de não ter dinheiro em caixa, a inadimplência tributária acarreta diretamente a responsabilidade — seja pessoal, seja solidária ou subsidiária — dos sócios?

Como se sabe, a responsabilidade dos sócios implica a sujeição do seu patrimônio particular em face das dívidas da sociedade. Para Machado (2005:167), como mencionado, a simples condição de sócio não implica responsabilidade pessoal. Nos termos do art. 135, III, do CTN, o que gera responsabilidade é a condição de administrador de bens alheios: diretores, gerentes ou representantes de sociedades. Responsável é quem dirige e administra a empresa.

Ademais, não basta ser administrador. É necessário que o débito tributário resulte de ato praticado com excesso de poderes ou infração da lei, do contrato social ou do estatuto. Frise-se que, embora não exista uma classificação exaustiva de todas as hipóteses em que esses legitimados sejam responsáveis, o simples não recolhimento de tributos não acarreta responsabilidade tributária.

Observações importantes quanto à responsabilidade dos administradores:

❑ a responsabilidade somente existirá para os administradores na hipótese de os atos praticados conterem excesso de poderes ou infração da lei, do contrato social ou do estatuto;
❑ a sociedade irregularmente liquidada gera a responsabilidade dos seus administradores.

Pode a autoridade fiscal (Fazenda pública) para incluir os nomes dos sócios da empresa na certidão de dívida ativa, depois de frustradas as tentativas de obtenção do crédito devido? O Superior Tribunal de Justiça, como se pode depreender das ementas de julgados acima transcritas, tem decidido que essa responsabilidade exige o *animus* de fraudar, ou seja, não basta o simples inadimplemento para acarretar a responsabilidade pessoal dos sócios. De acordo com o entendimento daquela corte superior, entender a questão de modo diverso implica acabar com a autonomia patrimonial da pessoa jurídica, instituindo-se, como regra, a desconsideração da personalidade jurídica, o que somente deve ser feito excepcionalmente.[23]

É obvio que o mesmo não ocorre no caso do sócio que, ciente de sua delicada condição econômica perante os credores da empresa, resolve simplesmente "fechar as portas", pois aí estará presente o *animus* de fraudar, acarretando, portanto, sua responsabilidade.

Responsabilidade por infrações

A responsabilidade por infrações instituída pelo art. 136 do CTN é objetiva. Isso significa que independe da intenção

---

[23] Ver, entre outros: STJ. Primeira Turma. REsp nº 79.155/CE. Rel. Min. Garcia Vieira. j. 14.04.1998. *DJ*, 8 jun. 1998; e STJ. Primeira Seção. REsp nº 174.532/PR. Rel. Min. José Delgado. j. 18.06.2001. *DJ*, 20 ago. 2001.

do agente ou do responsável, não sendo, portanto, necessário que o fisco pesquise a presença do elemento subjetivo (dolo ou culpa). Ademais, as infrações de que trata o dispositivo em análise são as de natureza tributária (multas moratória e isolada) e não as de cunho penal.

Em certos casos, uma mesma infração tributária pode resultar em sanções administrativas e penais (ilícitas). É o caso do empregador que não repassa ao INSS o imposto de renda de seu empregado, retido na fonte. Nessa situação, o infrator se sujeita às sanções administrativas (multa moratória) e penais (crime de apropriação indébita).

Instituto importantíssimo na seara da responsabilidade tributária é a denúncia espontânea, que está expressa no art. 138 do CTN. É a exclusão da responsabilidade em decorrência do reconhecimento da prática de infração tributária (obrigação principal ou acessória) e eventual pagamento de tributo devido. Para configurar a denúncia espontânea, é preciso que esta seja apresentada antes do início de qualquer procedimento administrativo ou medida de fiscalização relacionados com a infração, na forma do parágrafo único do mesmo art. 138 do CTN.

O requisito da tempestividade é fundamental para a validade da denúncia espontânea, pois basta uma simples notificação recebida pelo sujeito passivo para que se descaracterize o seu cabimento.

O contribuinte poderá, em certos casos, solicitar que a autoridade fiscal apure o montante do tributo devido. Após a apuração pelo fisco, o contribuinte deverá depositar o valor levantado, para que assim se configure a denúncia espontânea.

O STJ[24] tem entendimento pacificado no sentido de que a denúncia espontânea exclui a multa de natureza punitiva,

---

[24] STJ. Segunda Turma. REsp nº 246.457/RS. Rel. Min. Nancy Andrighi. j. 06.04.2000. *DJ*, 8 maio 2000; e STJ. Segunda Turma. REsp nº 246.723/RS. Rel. Min. Nancy Andrighi. j. 06.04.2000. *DJ*, 29 maio 2000.

desde que sejam pagos os juros e a correção monetária. No entanto, o mesmo tribunal entende que, mesmo havendo a denúncia espontânea pelo sujeito passivo, acompanhada do respectivo pagamento do eventual tributo devido, esta não o libera do pagamento da multa isolada, não sendo abrangida, portanto, pelo alcance do art. 138 do CTN. O fundamento de tal entendimento está na inexistência de vínculo entre a multa isolada e o fato gerador.[25]

Vale observar que, no que tange aos tributos sujeitos ao lançamento por homologação, em decisão recente, que aguarda publicação, a Segunda Turma do STJ decidiu que:

> Pacificou-se o entendimento, na Primeira Seção deste Superior Tribunal, de que, em se tratando de tributo sujeito a lançamento por homologação declarado pelo contribuinte e recolhido com atraso, descabe o benefício da denúncia espontânea, incidindo a multa moratória. Assim, sem o pagamento da multa, é legítima a recusa do INSS a fornecer a certidão negativa de débito.[26]

Ademais, vale indagar se o pagamento parcelado do tributo referente à denúncia espontânea pode ser feito e como fica a questão da multa nesse caso. O STJ já firmou entendimento de que não configura denúncia espontânea o pagamento parcelado. Esse posicionamento prevalece, mesmo para o período anterior ao art. 155-A, *caput*, e §1º, do CTN, incluído pela Lei Complementar nº 104/01.[27]

---

[25] STJ. Primeira Turma. REsp nº 190.388/GO. Rel. Min. José Delgado. j. 03.12.1998. *DJ*, 22 mar. 1999; e STJ. Primeira Turma. REsp nº 195.161/GO. Rel. Min. José Delgado. j. 23.02.1999. *DJ*, 26 abr. 1999.
[26] REsp 871.905-SP, Rel. Min. Eliana Calmon, j. 19.06.2008 (Informativo 360, do STJ).
[27] STJ. Primeira Seção. REsp nº 378.795/GO. Rel. Min. Franciulli Neto. j. 27.10.2004. *DJ*, 21 mar. 2005.

Questões de automonitoramento

1. Após ler este capítulo, você é capaz de resumir o caso gerador, identificando as partes envolvidas, os problemas atinentes e as possíveis soluções cabíveis?
2. Defina o responsável pela obrigação tributária e seu substituto legal.
3. Diferencie substituição tributária de transferência tributária.
4. Quais as hipóteses de substituição tributária? E as de transferência?
5. É possível a responsabilização de terceiro por débitos fiscais? Em quais hipóteses?
6. Pense e descreva, mentalmente, outras alternativas para a solução do caso gerador.

3

Crédito tributário I

Caso gerador

A sociedade Carrótimo Ltda. tem por objeto social a revenda de veículos usados, estando, portanto, sujeita à tributação pelo imposto sobre a circulação de mercadorias e serviços (ICMS). Digamos, por hipótese, que as alíquotas do ICMS no caso de revenda de veículos incidam da seguinte forma:

- veículo automotor de oito rodas — alíquota de 25% sobre o valor da transação;
- veículo automotor de quatro rodas — alíquota de 20% sobre o valor da transação;
- veículo automotor de duas rodas — alíquota de 15% sobre o valor da transação;
- demais veículos — 25%.

A sociedade vendeu veículos de três rodas, não tendo efetuado o correspondente recolhimento do tributo devido.

Em janeiro do corrente ano, o fisco estadual resolveu lançar de ofício o tributo em tela. Tal lançamento tomou por base a alíquota de 15%, tendo em vista que constava na escrituração contábil a existência de 10 veículos que não se encontravam na loja. Porém, dois meses depois, o mesmo fisco do estado, analisando notas fiscais de entrada de mercadorias, promoveu outro lançamento (suplementar) sobre o mesmo fato gerador, porque entendeu, após análise mais aprofundada, que os veículos vendidos eram triciclos, o que implicaria, portanto, uma tributação ainda maior.

Pergunta-se: tendo em vista as hipóteses de incidência antes mencionadas, procede a atuação da Fazenda pública estadual com relação aos dois lançamentos, o primeiro e o suplementar?

Roteiro de estudo

Crédito tributário: conceito e noções gerais

O crédito tributário é o direito subjetivo que tem o Estado de exigir do contribuinte o pagamento do tributo devido. Deriva de relação jurídico-tributária que nasce com a ocorrência do fato gerador, conforme a data ou prazo determinado em lei.

Carvalho (2004:362) define crédito tributário "como o direito subjetivo de que é portador o sujeito ativo de uma obrigação tributária e que lhe permite exigir o objeto prestacional, representado por uma importância em dinheiro".

Na visão de Machado (2005:180), o crédito tributário deve ser conceituado como "vínculo jurídico, de natureza obrigacional, por força do qual o Estado (sujeito ativo) pode exigir do particular, o contribuinte ou responsável (sujeito passivo), o pagamento do tributo ou da penalidade pecuniária (objeto da relação obrigacional)".

Valendo-nos das palavras de Paulsen (2007:935), a relação obrigacional de natureza tributária apresenta duas faces, ou seja, obrigação e crédito, tendo ambos, a teor do art. 139 do Código Tributário Nacional, a mesma natureza. Sobre as peculiaridades desse binômio crédito/obrigação discorreremos a seguir.

Crédito e obrigação tributária

No direito tributário, embora o conceito de obrigação se diferencie do de crédito, conforme a estrutura apresentada pelo Código Tributário Nacional, ambos nascem no mesmo momento temporal lógico. Isso porque, com a ocorrência do fato gerador, como já mencionado, nascem um direito subjetivo de crédito para a Fazenda pública e um dever jurídico para o contribuinte, ou seja, o dever de satisfazer o débito.

Fato é que "obrigação e crédito pressupõem um ao outro. A obrigação, quando surge, já se estabelece em favor do sujeito ativo. À obrigação, pois, do ponto de vista da fenomenologia da relação jurídica, corresponde o crédito e vice-versa".[28] Em suma, o crédito tributário resulta da conjugação da lei, do fato gerador e do lançamento.[29]

De toda forma, vale mencionar que Souza (1953:20) esposa entendimento diverso, no sentido de que a obrigação e o crédito tributário são coisas totalmente distintas. Para o referido doutrinador, primeiro nasceria o fato gerador; depois, a obrigação tributária; e, por fim, o crédito.

Machado (2005:182) também partilha dessa tese quando argumenta que, embora, "em essência, crédito e obrigação sejam a mesma relação jurídica, o crédito é um momento distinto. É um terceiro estágio na dinâmica da relação obrigacional tributária".

---

[28] Paulsen, 2007:851.
[29] Sobre o tratamento normativo conferido pelo Código Tributário Nacional ao tema relacionado a obrigação tributária e crédito tributário, vale conferir as lições de Amaro (2006:338-342), que, de forma crítica, demonstra as contradições daquele diploma em razão de notórias inconsistências terminológicas.

Entretanto, com a devida *venia* aos ilustres juristas antes mencionados, e consoante a posição majoritária da doutrina, não há como separar crédito de obrigação; eles efetivamente têm a mesma natureza e ocorrem no mesmo momento.

Constituição do crédito tributário: o lançamento

Conceito e natureza jurídica

A origem etimológica de *lançamento* está relacionada ao ato de calcular, de efetuar um lance. Xavier (1997:4) aponta a escassa visibilidade do lançamento na vida jurídica cotidiana — em função da crescente participação dos contribuintes no cálculo de seus próprios tributos ("massificação dos mecanismos de arrecadação") — como uma das principais razões para a atrofia doutrinária do lançamento. A tendência mundial é de que a administração fiscal intervenha cada vez menos no momento anterior ao pagamento e, por outro lado, atue intensamente na sanção aos ilícitos cometidos pelo sujeito passivo, incumbido de diversos deveres tributários.

O lançamento é de fundamental importância, tanto que a Constituição da República de 1988 exige a elaboração de lei complementar para tratar de normas gerais que versem sobre o tema (art. 146, III, b, da CR/88).

Torres (2004:272), quando aprecia os aspectos relacionados ao lançamento, sustenta que este, "sob o ponto de vista lógico, coincide geralmente com a subsunção do fato concreto na hipótese de incidência prevista na lei. É ato de aplicação da lei ao caso emergente, na busca da exata adequação entre a realidade e a norma".

Do ponto de vista legal, na forma do que preceitua o art. 142, *caput*, do CTN, lançamento é "o procedimento administrativo tendente a verificar a ocorrência do fato gerador da obrigação correspondente, determinar a matéria tributável, calcular o montante do tributo devido, identificar o sujeito passivo e, sendo o caso, propor a aplicação da penalidade cabível". A definição legal de lançamento não é elogiável, pois, como se sabe, não é função típica do legislador realizar construções teóricas, tarefa muito mais bem desenvolvida pela doutrina.

Ademais, o lançamento não é procedimento, e sim ato administrativo conclusivo do procedimento; tampouco tem por objeto a aplicação de penalidade, já que é ato de aplicação da norma tributária material (determina a existência e o *quantum* da prestação tributária individual) ao caso concreto.

Corroborando tal assertiva, Amaro (2006:344),[30] reconhecendo várias impropriedades no conceito legislado pelo art. 142 do CTN, consigna que tal dispositivo

> Define lançamento não como um *ato* da autoridade, mas como *procedimento administrativo*, o que pressuporia a prática de uma *série de atos* ordenada e orientada para a obtenção de determinado resultado. Ora, o lançamento não é procedimento, é ato, ainda que praticado *após* um procedimento (eventual, e não necessário) de investigação de fatos cujo conhecimento e valorização se façam necessários para a consecução do lançamento.

Apesar das devidas críticas à definição, tem-se que a lei estabelece que a atividade de lançamento possui cinco finalidades:

- verificação da ocorrência do fato gerador da obrigação correspondente;
- determinação da matéria tributável;[31]

---

[30] No mesmo sentido, Carvalho (2004:376-385).
[31] É certo que a obrigação tributária é uma obrigação de pagamento em moeda nacional; assim, o preceito deve ser observado principalmente nos tributos incidentes sobre

- cálculo do montante do tributo devido (base de cálculo e alíquota);
- identificação do sujeito passivo (contribuinte ou responsável);
- aplicação de penalidade, quando cabível.

A determinação da natureza jurídica do lançamento gerou controvérsia doutrinária no passado. Certa corrente doutrinária, mais antiga e conservadora (minoritária), defende a ideia de que o lançamento (*accertamento*) seria um conjunto de atos e procedimentos tendentes à verificação do débito tributário e à individualização e valoração dos componentes que expressam seu conteúdo.[32]

Contudo, o termo *accertamento* é vacilante, por comportar uma pluralidade de situações jurídicas completamente diversas, tais como os atos jurisdicionais, os atos materialmente administrativos e os atos psicológicos dos contribuintes.

A doutrina mais atual, na mesma linha de raciocínio externada por Amaro, como anteriormente transcrevemos, entende que o lançamento é um ato administrativo, ainda que para sua formação sejam necessários alguns procedimentos anteriores e outros revisionais posteriores — o que não descaracteriza o ato administrativo de lançamento. Este é um só, nada mais

---

rendas, operações financeiras e de comércio exterior. Portanto, nessas hipóteses, deve ser obedecido o disposto no art. 143 do CTN, que estabelece: "salvo disposição de lei em contrário, quando o valor tributável esteja expresso em moeda estrangeira, no lançamento far-se-á a sua conversão em moeda nacional ao câmbio do dia da ocorrência do fato gerador da obrigação".

[32] Ver, entre outros, Becker (1963:325 e segs.); e Nogueira (1975:24). Rosa Júnior (2005:583), por seu turno, sustenta que lançamento é procedimento administrativo, e não simples ato, isolado, de natureza administrativa, considerando que "consiste em um conjunto de atos conexos e consequentes praticados pela administração visando a um fim comum, que é a constituição do crédito tributário. Assim, o lançamento implica o exame da ocorrência do fato gerador, do regime jurídico da tributação, da identificação do sujeito passivo, da apuração da sua expressão econômica, ou seja, da sua valorização qualitativa etc., e a notificação ao sujeito passivo".

sendo que um ato administrativo de aplicação da lei ao caso concreto.[33]

Com efeito, há atos administrativos que necessitam de um ou mais procedimentos para existir. Assim pode ocorrer também com o lançamento, em que os procedimentos anteriores e/ou posteriores, quando necessários, não integram o ato. Atualmente, eventual procedimento preliminar ao lançamento destina-se ao levantamento de provas a respeito da obrigação tributária.

Conforme afirmado, os procedimentos prévios são relacionados à coleta de informações necessárias à constituição do lançamento. No entanto, tais procedimentos não são essenciais. Assim, o lançamento pode se consubstanciar em ato isolado, ou seja, pode existir sem qualquer processo que o anteceda. Já os procedimentos posteriores relacionam-se, entre outros, à inconformidade do contribuinte com o lançamento efetuado, o que é feito por meio da sua impugnação.

O lançamento é espécie de ato tributário cujo objeto é a declaração do direito do ente público à prestação patrimonial tributária. Xavier (1997:55) define lançamento como "ato administrativo de aplicação da norma tributária material que se traduz na declaração da existência e quantitativo da prestação tributária e na sua consequente exigência".

Vale observar, ainda, que o doutrinador critica as definições de lançamento baseadas nos efeitos produzidos pelo ato, ou seja, que se utilizam de expressões como "constituição do crédito" ou "formalização do crédito".[34]

Em que pese ao entendimento esposado acima, majoritariamente os doutrinadores conceituam lançamento como ato administrativo vinculado e obrigatório, emanado de agente

---

[33] Ver Baleeiro (1981:208); Carvalho (1976:53); e Falcão (1974:115).
[34] Xavier, 1997:67.

administrativo competente e que, com base na lei, confirma a existência da obrigação tributária (efeito declaratório) e constitui o direito da Fazenda pública ao crédito tributário (efeito constitutivo) ou extingue direito preexistente (efeito extintivo), por meio da homologação tácita ou expressa do pagamento. Mediante o lançamento, há a aplicação da lei ao caso concreto — semelhante a uma decisão judicial. Note-se, contudo, que o lançamento não abrange os atos jurisdicionais.

O ato de lançamento é atividade privativa da autoridade administrativa. Contudo, o lançamento do imposto de transmissão *causa mortis* é feito pela autoridade judicial nos processos de inventário. Estaríamos diante de uma exceção? Não.

Os poderes Legislativo, Executivo e Judiciário desempenham suas atividades típicas — legislar, administrar e julgar, respectivamente. No entanto, excepcionalmente, podem desempenhar atividades atípicas (integrantes da órbita de competência de um dos outros poderes). É o que ocorre no caso do lançamento do imposto de transmissão *causa mortis*, em que o Poder Judiciário (autoridade judicial), ao lançá-lo, desempenha papel típico do Poder Executivo (autoridade administrativa). Portanto, o lançamento do imposto de transmissão *causa mortis* não é uma exceção à atividade privativa da autoridade administrativa.

No que tange às características do lançamento, verifica-se que tal ato:

❑ possui, em regra, forma escrita (declaração expressa de vontade). A exceção é o lançamento homologatório tácito, na forma do art. 150 do CTN, que é uma declaração tácita de vontade, como veremos mais adiante;
❑ é ato administrativo vinculado e obrigatório (parágrafo único do art. 142 e art. 3º, ambos do CTN);

- tem caráter de definitividade (princípio da irrevisibilidade do lançamento). A regra geral impõe que, após a cientificação regular do contribuinte ou responsável, o lançamento não pode mais sofrer modificação pela autoridade administrativa, em razão da proteção da segurança jurídica e da confiança do contribuinte, ou seja, é vedada, em regra, a edição de outro ato administrativo de lançamento referente ao mesmo fato gerador (art. 146, do CTN).

Princípios que regem o lançamento

O lançamento rege-se por quatro princípios: o da vinculação à lei (parágrafo único do art. 142 do CTN); o da irretroatividade da lei tributária (art. 144 do CTN); o da irrevisibilidade (art. 145 do CTN); e o da inalterabilidade do lançamento (art. 146 do CTN). Vejamos cada um deles.

PRINCÍPIO DA VINCULAÇÃO À LEI

Previsto no parágrafo único do art. 142 do CTN — dispositivo que se coaduna com o próprio conceito de tributo traduzido no art. 3º do mesmo diploma —, o princípio da vinculação à lei orienta que o lançamento constitui um ato vinculado, ou seja, inexiste qualquer margem de discricionariedade do fisco.

Nesse diapasão, Torres (2004:275) leciona que "vinculação à lei significa que a autoridade administrativa deve proceder ao lançamento nos estritos termos da lei, sempre que, no mundo fático, ocorrer a situação previamente descrita na norma". Prosseguindo no argumento quanto à inexistência de discricionariedade, *in casu*, o autor assevera que dessa mesma vinculação resulta a obrigatoriedade do lançamento, no sentido de que a "autoridade administrativa não pode efetuar o lançamento contra um sujeito passivo e deixar de efetivá-lo, em idênticas circunstâncias, com relação a outra pessoa, movida por critérios subjetivos".

Assim, a lei vincula o poder do agente administrativo ao não autorizar que sua vontade se manifeste livremente, ou seja, ao vedar que seja feito um juízo de conveniência e oportunidade do lançamento, sob pena de responsabilidade funcional.

Princípio da irretroatividade da lei tributária

Trata-se aqui de axioma extremamente relevante no âmbito do direito tributário, eis que preceitua que o lançamento será regido pela lei vigente no momento da ocorrência do fato gerador, ainda que ela tenha sido revogada ou modificada; por isso, a norma que estiver em vigor quando da realização do lançamento não retroagirá para atingir aquele fato gerador anterior.

Mister ressaltar, contudo, que tal princípio se aplica apenas aos elementos relacionados ao aspecto interno do fato gerador, ou seja, a base de cálculo, a alíquota e o sujeito passivo, pois, de acordo com o que dispõe o art. 144, §1º, do CTN, para os elementos afetos ao aspecto externo do referido fato gerador, a lei que vigorará é aquela que estiver vigendo no momento do lançamento.

Elementos relativos ao aspecto externo do fato gerador são todos aqueles que não digam respeito ao mérito do próprio lançamento, sendo entendidos como critérios de apuração e de fiscalização (inclusive os que ampliam os poderes de investigação das autoridades administrativas), ou que confiram maiores garantias ou privilégios ao crédito tributário. De toda forma, caso seja outorgada responsabilidade tributária a terceiros, essa regra é excepcionada, exceção que para Amaro (2006:348) é óbvia, porquanto "não se pode, por lei posterior à ocorrência do fato gerador, atribuir responsabilidade tributária a terceiro. Lei que o fizesse seria inconstitucional por *retroatividade*".

Princípio da Irrevisibilidade

Com fundamento no postulado da segurança jurídica — consagrado no bojo do art. 5º, XXXVI, da CR/88 —, o princípio da irrevisibilidade, conforme o art. 145 do CTN, sustenta a estabilidade das relações jurídicas, pois determina que o lançamento, uma vez notificado o contribuinte, não poderá ser revisto pela Fazenda pública, equivalendo a um ato jurídico perfeito.

O lançamento, por via de regra, tem caráter de definitividade (princípio da irrevisibilidade do lançamento), ou seja, após a cientificação regular do contribuinte ou responsável, o lançamento não pode mais sofrer alteração pela autoridade administrativa.

De toda forma, o lançamento poderá ser revisto diante da ocorrência de três exceções contempladas no próprio art. 145 do CTN, hipóteses previstas em seus incisos I a III, quais sejam:

❏ impugnação do sujeito passivo;
❏ recurso de ofício;
❏ iniciativa de ofício da autoridade administrativa, nos casos previstos no art. 149 do CTN — situações em que a administração obedece ao estatuído em lei ou em razão de ter sido induzida a erro por ato do contribuinte ou de terceiro.

A primeira hipótese cuida da irresignação do contribuinte em face do lançamento e, por essa razão, impugna tal ato; e a Fazenda pública, ao "apreciar a impugnação apresentada, pode alterar o lançamento se concordar, total ou parcialmente, com as razões apresentadas pelo impugnante".[35]

No que se refere ao recurso de ofício que, nas palavras de Torres (2004:277), ocorre "na sequência do processo tributário

---

[35] Amaro, 2006:349.

administrativo", tem-se a situação em que a autoridade fiscal recorre contra a sua própria decisão a uma instância administrativa superior, a fim de que esta examine se se trata ou não de hipótese que enseja a alteração do lançamento.

Já a exceção descrita no inciso III do art. 145 do CTN faz referência ao preceito contido no art. 149 daquele mesmo diploma e que define as seguintes hipóteses de revisão ou lançamento de ofício:

> Art. 149. O lançamento é efetuado e revisto de ofício pela autoridade administrativa nos seguintes casos:
>
> I — quando a lei assim o determine;
>
> II — quando a declaração não seja prestada, por quem de direito, no prazo e na forma da legislação tributária;
>
> III — quando a pessoa legalmente obrigada, embora tenha prestado declaração nos termos do inciso anterior, deixe de atender, no prazo e na forma da legislação tributária, a pedido de esclarecimento formulado pela autoridade administrativa, recuse-se a prestá-lo ou não o preste satisfatoriamente, a juízo daquela autoridade;
>
> IV — quando se comprove falsidade, erro ou omissão quanto a qualquer elemento definido na legislação tributária como sendo de declaração obrigatória;
>
> V — quando se comprove omissão ou inexatidão, por parte da pessoa legalmente obrigada, no exercício da atividade a que se refere o artigo seguinte;
>
> VI — quando se comprove ação ou omissão do sujeito passivo, ou de terceiro legalmente obrigado, que dê lugar à aplicação de penalidade pecuniária;
>
> VII — quando se comprove que o sujeito passivo, ou terceiro em benefício daquele, agiu com dolo, fraude ou simulação;

VIII — quando deva ser apreciado fato não conhecido ou não provado por ocasião do lançamento anterior;

IX — quando se comprove que, no lançamento anterior, ocorreu fraude ou falta funcional da autoridade que o efetuou, ou omissão, pela mesma autoridade, de ato ou formalidade especial.

Como é fácil observar, o dispositivo legal transcrito comete grave impropriedade ao determinar a reapreciação do lançamento de iniciativa do contribuinte (incisos II a VII), quando se sabe que este último não lança tributo algum. Como não houve nenhuma espécie de lançamento anterior, melhor seria afirmar que o fisco procedeu a uma revisão da declaração do contribuinte (lançamento de ofício por revisão do lançamento), que estava defeituosa ou omissa.

Importantíssimo ressaltar que tanto o lançamento de ofício quanto a revisão de ofício devem ser devidamente fundamentados, já que resultam em ato administrativo que pode alterar algum direito do cidadão.

O parágrafo único do art. 149 do CTN estabelece um limite temporal para a revisão do lançamento, determinando que esta só pode ser iniciada se ainda não tiver sido extinto o direito da Fazenda Nacional. Estamos diante do efeito preclusivo do lançamento, que acarreta a sua irrevisibilidade ou a inimpugnabilidade.

Princípio da inalterabilidade do lançamento

Disciplinado pelo art. 146 do Código Tributário Nacional, o princípio da inalterabilidade do lançamento orienta que qualquer alteração promovida nos critérios jurídicos que serviram de base para aquele ato somente poderá ser aplicada de forma prospectiva, ou seja, apenas produzirá efeitos para o futuro com relação a um mesmo sujeito passivo, "ainda que haja modificação na jurisprudência administrativa ou judicial".[36]

Sobre o tema, Luciano Amaro (2006:351) esclarece com propriedade que

> O que o texto legal de modo expresso proíbe não é a mera *revisão de lançamento* com base em novos critérios jurídicos; é a aplicação desses novos critérios a *fatos geradores ocorridos* antes de sua introdução (que não necessariamente terão sido já objeto de *lançamento*). Se, quanto ao fato gerador de *ontem*, a autoridade não pode, *hoje*, aplicar novo critério jurídico (diferente do que, no passado, tenha aplicado em relação a outros fatos geradores atinentes ao mesmo sujeito passivo), a questão não se refere (ou não se *resume*) à *revisão* de lançamento (velho), mas abarca a *consecução* de lançamento (novo). É claro que, não podendo o novo critério ser aplicado para lançamento *novo* com base em fato gerador ocorrido antes da introdução do critério, com maior razão este também não poderá ser aplicado para *rever* lançamento *velho*. Todavia, o que o preceito resguardaria contra a mudança de critério não seriam apenas *lançamentos* anteriores, mas *fatos geradores* passados.

O verbete da Súmula nº 227 do antigo Tribunal Federal de Recursos (TFR) expressa, de forma clara, que "a mudança de critério jurídico adotado pelo fisco não autoriza a revisão de lançamento". Na mesma esteira, Souza (1948:447) defende que não é possível a revisão do lançamento quando o fisco cometer erro de direito — incorreção na apreciação da natureza jurídica do fato gerador. Assim, apenas o erro de fato seria passível de ser revisto.

---

[36] Amaro, 2006:277-278.

A Primeira Turma do STJ, no REsp nº 412.904/SC,[37] assim se posicionou quanto à mudança de critério jurídico referente à classificação tarifária de mercadoria importada:

> Tributário. IPI. Mandado de segurança. Importação de mercadoria. Desembaraço aduaneiro. Classificação tarifária. Autuação posterior. Revisão de lançamento por erro de direito. Súmula 227/TRF. Precedentes.
>
> Aceitando o Fisco a classificação feita pelo importador no momento do desembaraço alfandegário ao produto importado, a alteração posterior constitui-se em mudança de critério jurídico vedada pelo CTN.
>
> *Ratio essendi* da Súmula 227/TRF no sentido de que "a mudança de critério jurídico adotado pelo fisco não autoriza a revisão do lançamento".
>
> Incabível o lançamento suplementar motivado por erro de direito.
>
> Recurso improvido.

Entendimento diametralmente oposto ao do STJ é o defendido por Machado (2005:184), segundo o qual o erro de direito não se confunde com a mudança de critério jurídico. O primeiro seria inadmissível, em função do princípio da legalidade; já o segundo seria permitido, porque não existiria apenas uma única interpretação acertada da lei. Xavier (1997:257), por sua vez, critica o posicionamento de Machado, entendendo que a lei é unívoca, só havendo uma única interpretação correta. Assim, para este último doutrinador, erro de direito e modificação de critérios jurídicos são dois limites distintos e cumulativos à revisão do lançamento.

---

[37] Rel. Min. Luiz Fux. j. 07.05.2002. *DJ*, 27 maio 2002.

Da eficácia do lançamento

Inicialmente, vale consignar que o bom entendimento sobre a eficácia do lançamento requer a distinção entre ato constitutivo e ato declaratório. O ato constitutivo visa adquirir, modificar ou extinguir direitos e por isso tem efeito *ex nunc* (para o futuro). Por sua vez, o ato declaratório reconhece a preexistência de um direito; logo, tem efeito *ex tunc* (retroage à data do ato ou fato).

Existem três correntes doutrinárias a respeito da eficácia do lançamento. A primeira corrente defende a *eficácia constitutiva* do lançamento. Para os partidários dessa tese, o lançamento constitui a obrigação e o crédito tributário. Nada surge, portanto, com o fato gerador, sequer a obrigação tributária. Sob tal premissa, apenas o lançamento faz nascer a obrigação e o crédito tributário correspondente. Assim, antes do referido lançamento, a Fazenda pública tem apenas interesse, não sendo titular de direito algum. A doutrina brasileira não adota essa tese, que é encampada por alguns doutrinadores estrangeiros.

A segunda corrente, por seu turno, pugna pela *eficácia declaratória* do lançamento, sustentando que tal ato não constitui o crédito tributário, mas declara a sua existência anterior. Tanto a obrigação quanto o crédito tributário surgem no mesmo momento, que é o da ocorrência do fato gerador (corrente majoritária).

Suponhamos o seguinte: o sujeito realiza uma compra e venda. Nesse momento nasce para ele uma obrigação tributária e um crédito para a Fazenda. Ocorre que é preciso praticar um ato documental para que seja visualizado o fato gerador. O lançamento desempenha esse papel. Ele formaliza o nascimento do fato gerador e a ocorrência da obrigação tributária.

O entendimento esposado acima teve forte influência na elaboração do CTN. Assim, a título de exemplo, podemos mencionar os seguintes dispositivos daquele diploma que fomentam tal exegese:

- art. 143 do CTN, que dispõe que a conversão do valor tributável expresso em moeda estrangeira será feito com base no câmbio do dia da ocorrência do fato gerador da obrigação;
- *caput* do art. 144 do CTN, ao estabelecer que o ato administrativo de lançamento reger-se-á pela lei vigente na data da ocorrência do fato gerador da obrigação.

Assim, como mencionado, considerando que, por força do princípio da irretroatividade do lançamento, a lei então em vigor na data do fato gerador é que rege tal ato,[38] caberia indagar: seria o §1º do art. 144 do CTN — que determina aplicar ao lançamento "a legislação que, posteriormente à ocorrência do fato gerador da obrigação, tenha instituído novos critérios de apuração ou processos de fiscalização, ampliado os poderes de investigação das autoridades administrativas, ou outorgado ao crédito maiores garantias ou privilégios" — uma exceção à natureza declaratória do lançamento? Não.

A norma contida no referido parágrafo tem natureza processual tributária (procedimental); logo, é de eficácia imediata e aplica-se aos casos pendentes, conforme entendimento de Machado (1992:111), sendo outros defensores dessa corrente Nogueira (1964:80) e Fonrouge (1967:479-521).

Por fim, a terceira corrente, que aduz ter o lançamento *eficácia mista*, esposa o entendimento de que tal ato tem natureza declaratória da obrigação e constitutiva do crédito. O

---

[38] O Supremo Tribunal Federal mostra-se confuso quanto à tese da eficácia declaratória do lançamento. Isso porque, ao mesmo tempo que o verbete de Súmula nº 112 é coerente com a tese apresentada, ao estabelecer que "o imposto de transmissão *causa mortis* é devido pela alíquota vigente ao tempo da abertura da sucessão", o verbete de Súmula nº 113 ("o imposto de transmissão *causa mortis* é calculado sobre o valor dos bens na data da avaliação") mostra um completo descompasso com o fato gerador desse imposto.

fato gerador faz nascer a obrigação tributária, e o lançamento faz surgir o crédito tributário. A teoria mista separa obrigação e crédito, porque parte da premissa de que estes nascem em momentos distintos.

Resumindo, o crédito tributário pode ser estudado por meio de três etapas:

- *ocorrência do fato gerador* — nasce o crédito tributário (nesse momento, o crédito já está constituído; já existe no mundo jurídico, mas ainda não está formalizado no mundo fático; ainda é ilíquido; a Fazenda não tem, portanto, meios para cobrar o correspondente valor);
- *lançamento* — formaliza-se o nascimento do fato gerador e a ocorrência da obrigação tributária;
- *inscrição na dívida ativa* — último momento de concretude do crédito; além de líquido e exigível, o crédito passa a ser também exequível, por meio de execução fiscal.

Quanto à terceira etapa, cumpre mencionar que o direito de crédito da Fazenda pública não possui autoexecutoriedade. A pretensão tem que ser satisfeita mediante intervenção do Poder Judiciário, na via executiva.

Modalidades de lançamento

O Código Tributário Nacional prevê as espécies de lançamento nos arts. 147 a 150, deixando margem ao entendimento de que existiriam quatro modalidades, quais sejam: por declaração; por arbitramento; de ofício; e por homologação. Alguns doutrinadores assim lecionam, defendendo a tese de que seriam quatro as espécies de lançamento, como é o caso de Torres (2004:278:261).[39]

---

[39] Ver também Vicente (2005:452-462).

Contudo, embora o Código Tributário Nacional regule o lançamento por arbitramento num dispositivo específico (art. 148), predominantemente a doutrina sustenta que as modalidades de lançamento seriam apenas três,[40] inserindo a hipótese do referido art. 148 do CTN na espécie de lançamento de ofício (art. 149 do CTN). Tal classificação considera o grau de participação do sujeito passivo no procedimento, tendo-se, portanto, como modalidades o lançamento: por declaração; de ofício; e por homologação.

Lançamento por declaração (art. 147 do CTN)

No lançamento por declaração, as informações prestadas pelo sujeito passivo ou terceiro legalmente obrigado dão suporte ao lançamento que será efetuado pela autoridade administrativa — o contribuinte toma a iniciativa do procedimento. É espécie de lançamento que tende à extinção.

A rigor, "diz-se lançamento por declaração, pois a constituição do crédito tributário se dá a partir das informações dadas pelo devedor quanto ao fato gerador".[41] Ao analisar as especificidades da declaração prestada pelo contribuinte, Amaro (2006:358-360) leciona que esta

> destina-se a registrar os *dados fáticos* que, de acordo com a lei do tributo, sejam relevantes para a consecução, pela autoridade administrativa, do ato de lançamento. Se o declarante indicar fatos verdadeiros e não omitir fatos que deva declarar, a autoridade administrativa terá todos os elementos necessários à efetivação do lançamento.

---

[40] Machado, 2005:185; e Amaro, 2006:356.
[41] Vicente, 2005:453.

Os atos relacionados a esse tipo de lançamento podem ser divididos em três fases distintas. Na primeira fase, o sujeito passivo, ou terceiro legalmente obrigado, presta informações fiscais; na segunda, a autoridade administrativa lança; e, finalmente, o contribuinte paga, ou não, o tributo devido.

Existe uma presunção *iuris tantum* de veracidade quanto às informações fiscais prestadas pelo sujeito passivo ou terceiro legalmente obrigado. No entanto, se os valores ou o preço de bens, direitos, serviços ou atos jurídicos não corresponderem às declarações ou esclarecimentos prestados (omissão ou erro na escrita), a autoridade lançadora arbitrará aquele valor ou preço, sempre em atenção ao devido processo legal (art. 148 do CTN).

Daí inserir-se o lançamento por arbitramento na espécie do lançamento de ofício, eis que a Fazenda pública promove *motu proprio* um novo lançamento.

Lançamento de ofício (art. 149 do CTN)

No lançamento de ofício o próprio fisco toma a iniciativa da prática do lançamento, sem qualquer colaboração do sujeito passivo. Pode se dar por dois motivos básicos:

- expressa determinação legal (art. 149, inciso I, do CTN). Em regra, quando a lei determina que certo tributo seja lançado de ofício é porque essa modalidade é, de fato, a mais adequada às características do tributo (por exemplo, imposto predial e territorial urbano — IPTU);
- substituição do lançamento feito em tributos lançados por declaração ou por homologação, em razão de algum vício — descumprimento, pelo contribuinte, de deveres de cooperação. Os incisos II a IX do art. 149 do CTN apresentam rol não exaustivo de vícios no lançamento.

Assim, quanto à segunda hipótese de lançamento de ofício, ou seja, quando verificado qualquer vício no lançamento por declaração ou homologação, vale mencionar que essa "iniciativa da autoridade administrativa constitui uma exceção ao princípio da irrevisibilidade do lançamento e apenas se justifica quando o contribuinte age com má fé, dolo ou simulação".[42]

Nesse contexto, diante da necessidade de realização de um novo lançamento, a Fazenda pública então arbitra o valor de bens ou serviços (lançamento por arbitramento), uma vez que as informações prestadas pelo contribuinte se mostraram omissas ou indignas de confiança.

Por via de regra, o lançamento por arbitramento — que, repise-se, se insere na modalidade de lançamento de ofício — consubstancia-se por meio de auto de infração, como, por exemplo, a lavratura de auto de infração de ICMS quando o contribuinte vende a mercadoria sem a respectiva emissão de nota fiscal, ou quando os livros contábeis estão escriturados de forma equivocada. Os mesmos exemplos se aplicam ao ISS. Tal arbitramento também é comum no âmbito do ITBI, nas hipóteses em que o fisco verifica que o valor de venda do imóvel declarado na escritura de compra e venda se mostra inferior ao preço de mercado.

Frise-se, entretanto, que a lógica, combinada com os princípios da razoabilidade e da motivação, deve servir de parâmetro para a prática do arbitramento. Assim, totalmente procedente o verbete da Súmula nº 76 do antigo Tribunal Federal de Recursos, que assim preceitua: "em tema de imposto de renda, a desclassificação da escrita somente se legitima na ausência de elementos concretos que permitam a apuração do lucro real da empresa, não a justificando simples atraso na escrita".

---

[42] Torres, 2004:279.

Importante salientar que o arbitramento pela Fazenda pública, embora se presuma dotado de legitimidade e legalidade, poderá ser impugnado tanto na esfera administrativa quanto na judicial, pois a presunção não é absoluta. Contudo, havendo impugnação, o ônus da prova caberá ao contribuinte.

Lançamento por homologação (art. 150 do CTN)

Consoante o entendimento de Machado (2005:185), o lançamento por homologação se traduz pelo ato em que o lançamento é feito quanto aos tributos cuja legislação atribua ao sujeito passivo da obrigação tributária o dever de antecipar o pagamento sem prévio exame da autoridade administrativa no que concerne a sua determinação e, portanto, "opera-se pelo ato em que a autoridade, tomando conhecimento da determinação feita pelo sujeito passivo, expressamente a homologa".

Assim, no lançamento por homologação, a lei estabelece que cabe ao sujeito passivo, antes de qualquer ato da Fazenda pública, praticar os seguintes atos: apurar o montante do tributo devido; fazer declarações tempestivas; e recolher a importância devida (realizar o pagamento) no prazo legal.

Nessa modalidade de lançamento, o fisco faz o controle *a posteriori*. O legislador concentra tais atos na pessoa do sujeito passivo por questão mais de natureza econômica do que quaisquer outras. Dessa forma, os custos da atividade administrativa de lançamento são legalmente repassados, em sua maior parte, para o sujeito passivo, que tem o dever de colaborar com a administração, sempre dentro de certo nível de razoabilidade.

A classificação apresentada — que toma como base o grau de participação do sujeito passivo no procedimento relacionado ao lançamento — é criticada por Carvalho (2004:424), defensor da tese de que o lançamento, por ser ato jurídico administrativo, não se relaciona com as vicissitudes que o precederam, ou seja, não se confunde com procedimento.

A doutrina discute a possibilidade de ocorrer "autolançamento", ou seja, de o próprio sujeito passivo praticar o lançamento. Certa corrente[43] entende que, se a autoridade administrativa homologa (ratifica e convalida) o lançamento, este foi de autoria do sujeito passivo; o "autolançamento" seria um ato complexo cujo ato final estaria na homologação, pelo fisco, do ato praticado pelo contribuinte.

A tese doutrinária esposada procura manter coerência formal com o estatuído no CTN — lançamento é competência privativa das autoridades administrativas —, por isso, não admite de forma explícita que o contribuinte efetuaria um "autolançamento". Entendemos, contudo, ser improcedente esse entendimento, já que o lançamento é ato privativo da administração pública (art. 142 do CTN); portanto, o particular não pratica ato administrativo.

É certo que determinados tributos dispensam a atuação da administração tributária no momento anterior ao pagamento do tributo; todavia, quando isso ocorre, a Fazenda pública confirma ou discorda dos atos praticados pelo sujeito passivo, ou seja, faz o controle posterior.

Caso a administração fazendária concorde com os referidos atos, deverá homologá-los, o que acarretará a extinção do crédito tributário (art. 150, §1º, combinado com o art. 156, inciso VII, ambos do CTN). Do contrário, havendo discordância, ocorrerá o lançamento de ofício (art. 149 do CTN) e/ou a aplicação de penalidade (lavratura de auto de infração), em razão de ato ilícito.

O ato do devedor anterior ao pagamento não se confunde com o lançamento, que é simples "operação mental",[44] o que

---

[43] Entre outros, Baleeiro (2000:828) e Souza (1975:89-90).
[44] Xavier, 1997:80.

não apresenta qualquer relevância jurídica. Nessa linha de raciocínio, quando o contribuinte paga menos que o legalmente previsto, há um descumprimento da obrigação tributária, e não uma falha no lançamento. Após o pagamento efetuado, o que o fisco faz é verificar se a prestação foi devidamente cumprida ou não. Dita verificação é eventual, ou seja, pode ou não ocorrer.

Lançamento tácito

O depósito judicial do montante integral do *quantum debeatur* realizado pelo sujeito passivo da obrigação tributária tem o condão de suspender a exigibilidade do crédito tributário, hipótese prevista no art. 151, II, do CTN. Trata-se, conforme as lições de Rosa Júnior (2005:613), de "direito subjetivo do contribuinte para evitar a cobrança do tributo, mediante execução fiscal, fazer estancar a correção monetária e a incidência de juros de mora (...), e não pode ser negado pelo juiz".

Nesse passo, a efetivação do depósito judicial suprime o direito de o contribuinte vir a levantar tal valor no curso da demanda e, do mesmo modo, assegura para a Fazenda pública que a retirada de tal montante somente se dará quando da solução da lide. Assim, se o provimento jurisdicional for favorável ao fisco, este terá direito ao crédito judicialmente depositado (conversão em renda); do contrário, ou seja, sucumbindo a Fazenda pública, o contribuinte terá direito à devolução do valor.

Quanto aos tributos sujeitos ao lançamento por homologação, como se sabe, ao contribuinte cabe promover, antes de qualquer ato da Fazenda pública, a apuração do montante devido, bem como recolher, no prazo legal, a importância correspondente.

De toda forma, é possível que determinado sujeito passivo, em vez de efetuar o referido pagamento, resolva discutir em juízo tal obrigação tributária e efetue o depósito integral correspondente ao tributo. Nesse contexto, o depósito judicial será considerado como recolhimento, condicionado, contudo, ao trânsito em julgado da decisão judicial vindoura.

Quid iuris se durante o curso da demanda esgotar-se o prazo decadencial para que o fisco constitua o crédito tributário, na forma do que preceitua o art. 173 do CTN? Estará, por via de consequência, extinto o crédito tributário, assim configurando hipótese de perda superveniente do objeto da ação e ensejando direito ao levantamento do depósito pelo contribuinte? Parece-nos que não.

Conforme os ensinamentos de Paulsen (2007:1105), uma resposta em sentido oposto, ou seja, a que admita a perda superveniente de objeto da demanda e respectivo direito ao levantamento

> seria equivocada, pois o depósito, que é predestinado legalmente à conversão em caso de improcedência da demanda, em se tratando de tributo sujeito a lançamento por homologação, equipara-se ao pagamento no que diz respeito ao cumprimento das obrigações do contribuinte, sendo que o decurso do tempo sem lançamento de ofício pela autoridade implica lançamento tácito no montante exato do depósito.

Sobre o tema, a Primeira Turma do Superior Tribunal de Justiça, quando do julgamento do REsp nº 767.328/RS,[45] esposou o entendimento de que o depósito judicial pode ser convertido para pagamento de débito fiscal, ainda que o fisco não tenha lançado expressamente o tributo, constituindo lança-

---

[45] Rel. Min. Francisco Falcão. j. 26.09.2006. *DJ*, 13 nov. 2006.

mento tácito, não sendo possível cogitar-se de decadência nessas hipóteses. Confira-se a ementa do julgado em referência:

> Processual civil e tributário. *Writ of mandamus*. Depósito judicial. Denegação da segurança. Conversão em renda da União. Lançamento tácito. Decadência. Inocorrência. Omissão. Inexistência.
>
> I — O tribunal *a quo* julgou satisfatoriamente a lide, não havendo que se falar em omissão no julgado atacado, porquanto se pronunciou sobre o tema proposto, tecendo as devidas considerações acerca da questão da natureza do depósito efetuado, de seu levantamento, bem como com relação ao lançamento fiscal e à decadência.
>
> II — Verifica-se que, a teor do art. 151, inciso II, do CTN, é depósito judicial, e não caução, o montante ofertado pela recorrente, por ocasião da concessão da liminar em mandado de segurança, porquanto se trata de valor em dinheiro e que equivale ao discutido na ação em comento.
>
> III — O depósito judicial, em razão da denegação da segurança, deve ser convertido em renda em favor da União, após o trânsito em julgado da sentença, representando a garantia do cumprimento de seu débito fiscal.
>
> IV — Esta corte já teve oportunidade de se manifestar, por meio do EDcl no REsp nº 736.918/RS, relator ministro José Delgado, DJ de 03/04/2006, p. 257, no sentido de que o depósito judicial, no caso de tributo sujeito a lançamento por homologação, equivale ao recolhimento da exação, condicionada a sua conversão em renda no caso de improcedência da demanda. Sendo assim, não haveria que se falar em decadência, porquanto ocorrido o lançamento tácito.
>
> V — Recurso especial improvido.

Convém destacar que a Segunda Turma do STJ já caminhou em sentido oposto, reconhecendo a imprescindibilidade da realização do lançamento pelo fisco com vista à constituição do crédito tributário referente à quantia depositada em juízo pelo contribuinte nos casos de tributos sujeitos ao lançamento por homologação. Dessa forma, na hipótese em que administração pública deixasse de lançar o tributo no prazo de cinco anos, ocorreria a decadência, e, portanto, ao sujeito passivo caberia o direito de promover o levantamento dos valores depositados, mesmo que restasse vencido na demanda.[46]

Contudo, mais recentemente, a Segunda Turma do Superior Tribunal de Justiça reformulou seu entendimento e passou a externar a mesma posição já adotada pela Primeira Turma daquela corte, como se pode depreender da ementa do REsp nº 804.415/RS,[47] *verbis*:

> Processo civil. Tributário. Embargos de declaração. Violação do art. 535 do CPC. Inexistência. Mandado de segurança. Depósito judicial para deferimento de medida liminar. Suspensão da exigibilidade de crédito tributário. Conversão em renda. Possibilidade. Prazo decadencial. Não ocorrência.
>
> 1. Nas hipóteses em que o acórdão proferido nos embargos de declaração dirime, de forma clara, expressa, congruente e motivada, as questões suscitadas nas razões recursais, não há por que falar em violação do arts. 458 e 535 do CPC.
>
> 2. Configura-se como depósito judicial, e não caução, o montante em dinheiro e em valor igual ao débito tributário ofertado

---

[46] STJ. Segunda Turma. REsp nº 464.343/DF. Rel. Min. Francisco Peçanha Martins. j. 02.02.2006. *DJ*, 30 mar. 2006; e STJ. Segunda Turma. EDcl no REsp nº 671.773/RJ. Rel. Min. Eliana Calmon. j. 06.04.2006. *DJ*, 16 maio 2006.
[47] STJ. Segunda Turma. REsp nº 804.415/RS. Rel. Min. João Otávio de Noronha. j. 15.02.2007. *DJ*, 5 jun. 2007.

para fins de concessão de liminar em mandado de segurança. Por consequência, uma vez denegada a segurança pretendida e tendo o respectivo decisório transitado em julgado, é plenamente viável a conversão do valor depositado em renda com a finalidade de pagamento do débito fiscal.

3. No caso de tributo sujeito a lançamento por homologação, o depósito judicial equivale ao recolhimento da exação, tendo condicionada a sua conversão em renda no caso de improcedência da demanda.

4. Uma vez ocorrido o lançamento tácito, encontra-se constituído o crédito tributário, razão pela qual não há mais falar no transcurso do prazo decadencial.

5. Recurso especial improvido.

Assim, na esteira de raciocínio pugnada pelas referidas turmas do STJ, tem-se que, em razão de o "depósito ficar vinculado legalmente à decisão final, estando, desde o início, vocacionado à conversão em caso de não restar o contribuinte vencedor, (...) só será necessário o lançamento se o fisco pretender montante superior ao que foi depositado".[48]

Ademais, insta ressaltar que o art. 49 da Medida Provisória nº 449, de 2008, expressamente dispensa o lançamento em caso de depósito judicial, *verbis*:

> Para efeito de interpretação do art. 63 da Lei nº 9.430, de 1996, prescinde do lançamento de ofício destinado a prevenir a decadência, relativo ao tributo sujeito ao lançamento por homologação, o crédito tributário cuja exigibilidade houver sido suspensa na forma do inciso II do art. 151 da Lei nº 5.172, de 25 de outubro de 1966, do Código Tributário Nacional.

---

[48] Paulsen, 2007:978.

Questões de automonitoramento

1. Após ler este capítulo, você é capaz de resumir o caso gerador, identificando as partes envolvidas, os problemas atinentes e as possíveis soluções cabíveis?
2. Distinga crédito de obrigação tributária.
3. Quais os princípios que regem o lançamento?
4. Discorra sobre o lançamento tributário e sua eficácia.
5. Quais as modalidades de lançamento tributário?
6. É possível o "autolançamento" no direito brasileiro?
7. Pense e descreva, mentalmente, outras alternativas para a solução do caso gerador.

4

Crédito tributário II

Caso gerador

A Barc S.A. ajuizou ação anulatória de débito fiscal, visando o não recolhimento dos valores referentes às alterações introduzidas pela Lei Federal nº 9.718/98 na sistemática do recolhimento da Cofins. Juntamente com a petição inicial, a empresa providenciou o depósito do valor integral do tributo em discussão. A ação foi julgada procedente na primeira e na segunda instâncias. Diante de dificuldades financeiras, sendo certo que ainda se encontra pendente o julgamento nas instâncias especiais, decide a empresa levantar os valores depositados.

Analise a questão.

Roteiro de estudo

Suspensão do crédito tributário

A suspensão da exigibilidade do crédito tributário, disciplinada nos arts. 151 a 155-A do Código Tributário Nacional, significa a ineficácia temporária dos efeitos atribuídos por lei a certos atos ou fatos jurídicos. A ineficácia é proporcionada, da mesma forma que a eficácia, por situações legalmente previstas. Do ponto de vista prático, a suspensão impede o prosseguimento da cobrança do crédito tributário pela Fazenda pública, ou seja, impede que se ultimem os atos materiais tendentes à inscrição em dívida ativa e ao início da execução fiscal.

Sobre o tema, Paulsen (2007:966) consigna que a suspensão da exigibilidade do crédito tributário "veda a cobrança do respectivo montante do contribuinte, bem como a oposição do crédito ao mesmo (...). A suspensão da exigibilidade, pois, afasta a situação de inadimplência, devendo o contribuinte ser considerado em situação regular".

Em razão da inconformidade do contribuinte com o lançamento tributário efetivo ou potencial, e configurada uma das situações contempladas no art. 151 do CTN, suspende-se o dever do sujeito passivo de cumprir a obrigação tributária. Contudo, qualquer que seja a hipótese de suspensão, esta não dispensará o cumprimento das obrigações acessórias referentes à respectiva obrigação principal (por exemplo, emitir documento fiscal), conforme determina o parágrafo único do art. 151 do Código Tributário Nacional.

Neste sentido, esclarece Torres (2004:282) que a suspensão da exigibilidade do crédito tributário realmente não dispensa o cumprimento dos deveres instrumentais dependentes da obrigação principal cujo crédito seja suspenso, ou dela consequentes, "mas interrompe a incidência da multa de mora desde a concessão da medida judicial até 30 dias após a publicação da decisão que considerar devido o tributo".

A suspensão da exigibilidade do crédito tributário, como regra geral, não tem o condão de impedir a sua constituição, ou seja, não obsta a Fazenda pública de promover o lançamento do tributo. A Primeira Câmara do Primeiro Conselho de Contribuintes, por exemplo, já decidiu que "a concessão de liminar em mandado de segurança preventivo somente suspende, em regra, a exigibilidade, mas não a constituição do crédito tributário".[49]

É de se notar que, para os tributos sujeitos ao lançamento por homologação, no caso de o contribuinte realizar o depósito integral do montante devido no curso de ação judicial em que pretenda discutir a relação obrigacional tributária, há quem entenda,[50] assim como a primeira e a segunda turmas do Superior Tribunal de Justiça,[51] que este teria o condão de dispensar o lançamento pelo fisco do valor correspondente ao valor depositado, tratando-se o referido depósito, portanto, de lançamento tácito. No mesmo sentido, entende a melhor doutrina que

> a suspensão da exigibilidade do crédito tributário implica que também fiquem suspensos os prazos de prescrição (art. 155, parágrafo único, do CTN), mas não os da decadência, insuscetível de suspensão ou interrupção, o que representa mais um argumento favorável ao lançamento do crédito objeto de depósito ou de liminar em mandado de segurança, ato pelo qual a Fazenda pública evita a caducidade do seu direito.[52]

Relevante mencionar, por oportuno, que a mesma linha de entendimento pretoriano que sustenta ser o depósito judicial do montante integral do *quantum debeatur* uma espécie de lançamento tácito para os tributos sujeitos ao lançamento por

---

[49] Primeiro Conselho de Contribuintes. Primeira Câmara. Ac. 101-88.551. Rel. Conselheiro Francisco de Assis Miranda. *DOU*, 13 fev. 1996.
[50] Paulsen, 2007:1105.
[51] STJ. Primeira Turma. REsp nº 767.328/RS. Rel. Min. Francisco Falcão. j. 26.09.2006. *DJ*, 13 nov. 2006; e STJ. Segunda Turma. REsp nº 804.415/RS. Rel. Min. João Otávio de Noronha. j. 15.02.2007. *DJ*, 5 jun. 2007.
[52] Torres, 2004:282.

homologação, dispensando o respectivo lançamento, também abraça a tese de nesses casos restar afastada a decadência, eis que, uma vez ocorrido o referido lançamento tácito, o crédito tributário já se encontra constituído e, por isso, não há mais que se falar em transcurso do prazo decadencial.

A suspensão da exigibilidade do crédito tributário compreende as seguintes hipóteses, na forma dos incisos I a VI do art. 151 do CTN:

- moratória;
- depósito integral do montante exigido;
- reclamações e recursos administrativos, de acordo com a legislação;
- concessão de medida liminar em mandado de segurança;
- concessão de medida liminar ou de tutela antecipada, em outras espécies de ação judicial;
- parcelamento.

Releva observar que as duas últimas hipóteses foram introduzidas no ordenamento jurídico pátrio pela Lei Complementar nº 104, de 10 de janeiro de 2001.

A irresignação do contribuinte, como se sabe, pode se manifestar tanto na esfera administrativa (processo administrativo fiscal) como no âmbito judicial (por exemplo, mandado de segurança). Na esfera administrativa, as situações capazes de suspender a exigibilidade são o depósito, as reclamações e os recursos administrativos. Na esfera judicial, o depósito também figura como hipótese de suspensão, juntamente com concessão de medida liminar em mandado de segurança e as medidas liminares ou de tutela antecipada, em outras espécies de ação judicial.

Vejamos, a seguir, cada hipótese legal de suspensão da exigibilidade do crédito tributário.

Moratória

Hipótese de suspensão prevista no art. 151, I, do CTN, a moratória significa prorrogação (postergação), concedida pelo credor ao devedor, do prazo para o pagamento da dívida. É a prorrogação do vencimento do crédito tributário concedida pelo sujeito ativo da relação tributária.

O débito cujo adimplemento foi prorrogado pode ser parcelado ou pago de uma única vez. O STJ[53] há tempos entende que a denúncia espontânea de débito tributário em atraso, com o devido recolhimento do tributo — ainda que de forma parcelada —, afasta a imposição da multa moratória.

Regra geral, a moratória somente abrange os créditos já devidamente constituídos à data da lei ou do despacho que a conceder (créditos vencidos), ou ainda daqueles lançamentos que já tenham sido iniciados àquela data e regularmente notificados ao sujeito passivo, ou seja, em vias de constituição (art. 154, *caput*, do CTN). É evidente que estão excluídos da concessão da moratória aqueles que, para obtê-la, agirem com dolo, fraude ou simulação, conforme dispõe o parágrafo único do mesmo artigo.

A moratória situa-se no campo da reserva legal (art. 97, VI, do CTN) e assim deve ser, na ótica de Carvalho (1997a:278), porquanto se trata de interesse público, como no campo das imposições tributárias, e, nesse sentido, reclama a observância do princípio constitucional da indisponibilidade dos bens públicos, o que justifica remeter o tema da moratória ao regime da estrita legalidade.

Quando concedida em caráter geral (art. 152, I, a e b, do CTN), a moratória decorre diretamente da lei; quando em caráter individual (art. 152, II, do CTN), depende de autorização

---

[53] STJ. Primeira Turma. REsp nº 117.031/SC. Rel. Min. José Delgado. *DJU*, 18 ago. 1997.

legal e é concedida por despacho da autoridade da administração tributária.

Em relação à moratória de caráter geral, sua concessão poderá estar delimitada a certas regiões do território da pessoa jurídica de direito público que a expedir, ou a determinada classe ou categoria de sujeito passivo (art. 152, parágrafo único, do CTN). É fundamental que compreenda todos aqueles que se encontrem na mesma situação, de forma indiscriminada.

A pessoa jurídica de direito público competente para instituir o tributo em questão poderá conceder moratória em caráter geral. Contudo, consoante o que disciplina o art. 152, I, b, do CTN, confere-se à União a prerrogativa de conceder moratória quanto a tributos integrantes da órbita de competência dos estados e municípios, desde que, simultaneamente, também a conceda em relação aos tributos federais.

Sobre o tema, há divergência doutrinária. De um lado, posicionam-se juristas que não vislumbram qualquer inconstitucionalidade na moratória heterônoma, como é o caso de Rosa Júnior (2007:493). Segundo o autor, não se trata "de intervenção federal indevida, eis que, além de ser bastante ampla, abrangendo inclusive as obrigações de direito privado, só pode ter como causa razões excepcionais de ordem pública".

Nesse mesmo diapasão, Machado (2005:175) assim rebate o argumento de que tal dispositivo do CTN não teria sido recepcionado pela Constituição da República de 1988:

> Pode parecer que a concessão de moratória pela União relativamente a tributos estaduais e municipais configura indevida intervenção federal e que a norma do art. 152, inciso II, alínea "b", não teria sido recepcionada pela Constituição Federal de 1988. Ocorre que tal moratória deve ser em caráter geral e, assim, concedida diretamente pela lei, além de somente ser

possível se abrangente dos tributos federais e das obrigações de direito privado. Admitir que a União não pode legislar nesse sentido implicaria afirmar a inconstitucionalidade da Lei de Falências e Concordatas.

De outro lado, há quem defenda, como Paulsen (2007:992), que a moratória heterônoma não se harmoniza com o ordenamento constitucional vigente, eis que mitiga a autonomia dos entes políticos e, portanto, afrontaria o pacto federalista fiscal. Compartilhando dessa mesma linha de entendimento, Melo (1997:214) salienta que é "criticável todavia a exclusiva faculdade cometida à União (art. 152, I, b, do CTN) por não possuir competências para intrometer no âmbito tributário das demais pessoas de direito público".

A moratória outorgada em caráter individual, por seu turno, leva em consideração as condições pessoais do sujeito passivo e depende da provocação do interessado; por isso é concedida pela autoridade fiscal casuisticamente, por meio de despacho. Não gera direito adquirido, pois, nos termos do disposto no art. 155, *caput*, do CTN, será revogada de ofício sempre que for apurado que o beneficiário deixou de honrar as exigências (condições) legais que ensejaram a concessão do benefício. A revogação é promovida mediante ato administrativo motivado.

A administração tributária poderá anular o ato concessivo sempre que constatar a ocorrência de infração legal na obtenção de moratória individual (dolo ou simulação do beneficiado, ou de terceiro em benefício daquele). Nesses casos, serão devidos juros de mora e será aplicada a penalidade cabível (art. 155, I, do CTN). Caso contrário, o sujeito passivo deverá recolher o tributo com sua devida atualização e com juros de mora (art. 155, II, do CTN).

A concessão da moratória de caráter individual exige:

- a determinação prévia das condições para a concessão do favor;
- o número de prestações e seus vencimentos;
- as garantias que devem ser oferecidas pelo beneficiário.

O parágrafo único do art. 155 do CTN trata do cômputo do prazo prescricional existente entre a concessão da moratória e a revogação do ato que a deferira. Dessa forma, Oliveira (1998:433) leciona que,

> se tiver havido dolo, fraude ou simulação por parte do contribuinte, não se computa dito lapso temporal, pois, caso contrário, haveria benefício para o infrator (diminuição do prazo de prescrição). Agora, ausentes ditos comportamentos do sujeito passivo, só caberá a anulação do ato concessivo se ainda não extinto o direito de ação de cobrança do crédito tributário (cf. art. 174 deste CTN).

É de se notar, consoante a lição de Rosa Júnior (1995:608), que a moratória é uma medida que só deve ser utilizada excepcionalmente, "porque consiste em exceção à regra de que, ocorrendo o fato gerador, o contribuinte é obrigado a satisfazer a prestação tributária, sob pena de incidir nas sanções estabelecidas na lei".

Assim, a moratória somente deve ser concedida se existirem razões de extrema relevância que justifiquem a dilação do prazo para a realização do pagamento do tributo, como, por exemplo, nas palavras de Torres (2004:283), "nos casos de calamidade pública, enchentes e catástrofes que dificultem aos contribuintes o pagamento dos tributos", encontrando também "justificativa nas conjunturas econômicas desfavoráveis a certos ramos de atividade".

Parcelamento

Trata-se de hipótese introduzida pela Lei Complementar nº 104/01 (acréscimo do inciso VI ao art. 151 do CTN) como mais uma modalidade de suspensão da exigibilidade do crédito tributário. É fruto da redundância legislativa, como ensina Torres (2004:285), quando afirma que "nenhuma novidade trouxe a lei complementar, posto que sempre se entendeu que o parcelamento já estava implícito no conceito de moratória, regulada pelo inciso I do art. 151".

O art. 155-A, §1º, do CTN, também introduzido pela LC nº 104/01, determina que o parcelamento do crédito tributário não exclui a incidência de juros e multas, salvo disposição de lei em contrário.

Para Rocha Neto e Maia (2001), a intenção do poder público federal foi esvaziar a interpretação dada pelo STJ ao art. 138 do CTN, no sentido de que a denúncia espontânea, concomitante com o pagamento do débito — ainda que de forma parcelada — exclui a incidência da multa.

Contudo, argumentam os autores que não há qualquer antinomia entre as normas citadas, pois o art. 155-A, §1º, do CTN seria norma geral ao estabelecer a incidência de juros e multa quando o parcelamento decorrer do não cumprimento da obrigação tributária, enquanto o art. 138 do mesmo diploma legal seria norma especial, ao instituir a exclusão da responsabilidade quando da denúncia espontânea da infração. Afinal, o que enseja o não pagamento da multa é a denúncia espontânea do débito, e não o pedido de parcelamento.

No intuito de adequar a disciplina tributária à sistemática normativa da Lei nº 11.101, de 9 de fevereiro de 2005 — que inovou no tema relacionado à recuperação judicial e extrajudicial, e à falência do empresário e da sociedade empresária —, o legislador pátrio acrescentou os §§3º e 4º ao art. 155-A do CTN.

Tais inovações foram introduzidas por meio da Lei Complementar nº 118/05, que, em suma, atribuiu competência aos entes da federação para editarem leis específicas sobre o parcelamento dos créditos tributários do devedor em recuperação judicial (art. 155-A, §3º, do CTN), além de determinar que, na ausência dessa lei, aplicar-se-á a sua lei geral de parcelamento, não podendo, nesse caso, o ente federativo conceder prazo de parcelamento inferior ao fixado na lei federal específica (art. 155-A, §4º, do CTN).

Depósito integral

O depósito do montante integral — que tem o condão de suspender a exigibilidade do crédito tributário — é uma faculdade conferida por lei ao contribuinte (art. 151, II, do CTN). Não se confunde com o pagamento, que é forma de extinção do crédito tributário, pois o depósito é uma garantia de instância dada ao suposto credor tributário e que pode ser oferecida tanto em sede de processo administrativo como judicial. Também se distingue da consignação em pagamento, porque o consignante quer pagar, ao passo que o depositante quer apenas discutir o débito.

Para que tenha validade, o depósito deve ser efetuado no seu valor integral, ou seja, no valor que o suposto credor entende cabível, pois, se o depositante não lograr êxito, o valor depositado será levantado, extinguindo-se a obrigação tributária existente. Sobre o assunto, Machado (2005:189) esclarece que:

> Para suspender a exigibilidade do crédito tributário o depósito deve corresponder ao valor deste tal como é pretendido pela Fazenda pública. *Montante integral* é o valor pretendido pela Fazenda, e não aquele efetivamente devido. O depósito é feito exatamente nos casos em que o contribuinte entende não ser devido o tributo. Se entende que o valor devido é menor, correto será pagar o que considera devido e depositar apenas o que entende indevido.

Na verdade, o depósito disciplinado pelo art. 151, II, do CTN é de grande utilidade para a Fazenda pública, por fazer as vezes de uma penhora antecipada; também o é para o contribuinte, eis que suspende a exigibilidade do crédito tributário; por último, é válida para o próprio aparelho judiciário, que fica exonerado do encargo de processar a execução.

O STJ há tempos entende que o depósito tem que ser feito em dinheiro, não cabendo substituí-lo por fiança bancária,[54] título da dívida pública[55] ou qualquer outro. Corroborando esse entendimento, o inciso I do art. 162 do CTN é suficientemente claro ao dispor que o pagamento é efetuado em moeda corrente; portanto, a substituição do dinheiro por título da dívida pública é modalidade de pagamento vedada pelo CTN.

De acordo com o verbete de Súmula nº 112 do STJ, "o depósito somente suspende a exigibilidade se for integral e em dinheiro". O entendimento sumulado é dotado de completo sentido, pois, caso a Fazenda pública venha a ser vencedora na lide proposta pelo contribuinte, o depósito judicial efetuado será convertido em renda, extinguindo o crédito tributário (art. 156, VI, do CTN).

Na esfera administrativa, o depósito prévio apresenta como vantagem para o contribuinte — caso sucumba ao término do processo administrativo — o fato de impedir a fluência de juros e da correção monetária. Já no âmbito judicial, o depósito impede a cobrança e exime o contribuinte da responsabilidade pela atualização e remuneração do capital depositado, pois o depósito judicial equivale ao que é feito em caderneta de poupança.

---

[54] TRF. Primeira Região. Terceira Turma. AC nº 93.01.04653-9/BA. Rel. Juiz Fernando Gonçalves. j. 30.05.1994. *DJ*, 23 jun. 1994.
[55] STJ. Primeira Turma. REsp nº 50.840-1/SP. Rel. Min. Milton Luiz Pereira. j. 09.08.1995. *DJ*, 11 set. 1995.

Nas ações judiciais em que se exija o depósito integral para a discussão do débito (por exemplo, ação declaratória negativa de débito fiscal), caso ele não seja feito, ocorrerá o prosseguimento da execução fiscal.

O depósito do montante integral impede a cobrança do crédito através de execução fiscal até que ocorra o trânsito em julgado da decisão no processo de conhecimento. O STJ entende não ser possível o levantamento de depósito judicial antes do trânsito em julgado.[56]

Da mesma forma, nas hipóteses de extinção do processo sem resolução de mérito, aquela corte já se manifestou em diversas oportunidades e, salvo uma ou outra posição em contrário, a jurisprudência é no sentido de ser impossível o referido levantamento do depósito nesses casos.

Fato é que, partindo da premissa de que o depósito judicial efetuado para suspender a exigibilidade do crédito tributário é feito também em garantia da Fazenda e, portanto, só pode ser levantado pelo depositante após sentença final passada em julgado em seu favor,[57] entende aquela corte que o adimplemento da obrigação tributária só pode ser excluído por força de lei ou suspenso de acordo com o que determina o art. 151 do CTN.

Nesse sentido, no caso em que o devedor discute aspectos relacionados à obrigação tributária em juízo, há previsão legal conferindo a ele o direito de promover o depósito integral da quantia devida com vista à suspensão da exigibilidade do *quantum debeatur*, mas, segundo a jurisprudência do STJ, se a ação intentada, por qualquer motivo, resultar sem êxito, deve o depósito ser convertido em renda para a Fazenda pública.

---

[56] STJ. Segunda Turma. AGREsp nº 154.710/PE. Rel. Min. Eliana Calmon. j. 06.06.2000. *DJ*, 1 ago. 2000.
[57] Conforme o disposto no art. 32 da Lei Federal nº 6.830/80 (Lei de Execuções Fiscais).

Isso porque, sob a exegese daquele tribunal, o depósito constitui mera garantia impeditiva, ou seja, obsta o fisco de promover qualquer ato tendente a haver o pagamento. Assim, nas hipóteses em que o processo logra extinção sem resolução do mérito contra o contribuinte, tem-se, a rigor, uma decisão a ele desfavorável, sendo, portanto, necessário o recolhimento do tributo após o trânsito em julgado do referido *decisum*.[58] Nessa linha de raciocínio, confira-se a ementa de julgado do STJ:[59]

> Tributário. Processual civil. Depósito judicial do valor do tributo. Natureza. Efeitos. Levantamento, pelo contribuinte, condicionado ao trânsito em julgado de sentença de mérito em seu favor. Precedente da 1ª Seção.
>
> 1. O depósito do montante integral, na forma do art. 151, II, do CTN, constituiu modo, posto à disposição do contribuinte, para suspender a exigibilidade do crédito tributário. Porém, uma vez realizado, o depósito opera imediatamente o efeito a que se destina, inibindo, assim, qualquer ato do Fisco tendente a haver o pagamento. No caso, o depósito ensejou, além disso, o imediato desembaraço aduaneiro da mercadoria. Sob esse aspecto, tem função assemelhada à da penhora realizada na execução fiscal, que também tem o efeito de suspender os atos executivos enquanto não decididos os embargos do devedor.
>
> 2. O direito — ou faculdade — atribuído ao contribuinte, de efetuar o depósito judicial do valor do tributo questionado, não importa o direito nem a faculdade de, a seu critério, retirar a

---

[58] STJ. Primeira Turma. AgRg no REsp nº 788.145/MG. Rel. Min. Francisco Falcão. j. 09.03.2006. *DJ*, 21 ago. 2006; STJ. Primeira Seção. EREsp nº 479.725/BA. Rel. Min. José Delgado. j. 11.05.2005. *DJ*, 26 set. 2005; e STJ. Primeira Turma. AgRg no REsp nº 660.203/RJ. Rel. Min. Francisco Falcão. Rel. p/ Acórdão Min. Teori Albino Zavascki. j. 03.03.2005. *DJ*, 4 abr. 2005.
[59] STJ. Primeira Seção. EREsp nº 227.835/SP. Rel. Min. Teori Albino Zavascki. j. 09.11.2005. *DJ*, 5 dez. 2005.

garantia dada, notadamente porque, suspendendo a exigibilidade do crédito tributário, ela operou, contra o réu, os efeitos próprios de impedi-lo de tomar qualquer providência no sentido de cobrar o tributo ou mesmo de, por outra forma, garanti-lo.

3. As causas de extinção do processo sem julgamento do mérito são invariavelmente imputáveis ao autor da ação, nunca ao réu. Admitir que, em tais casos, o autor é que deve levantar o depósito judicial significaria dar-lhe o comando sobre o destino da garantia que ofereceu, o que importaria retirar do depósito a substância fiduciária que lhe é própria.

4. Assim, ressalvadas as óbvias situações em que a extinção do processo decorre da circunstância de não ser a pessoa de direito público parte na relação de direito material questionada, o depósito judicial somente poderá ser levantado pelo contribuinte que, no mérito, se consagrar vencedor. Nos demais casos, extinto o processo sem julgamento de mérito, o depósito se converte em renda. Precedente da 1ª Seção: EREsp 479725/BA, Min. José Delgado, DJ 26.09.2005.

5. No caso específico, o depósito operou também outro efeito: o de permitir o imediato desembaraço aduaneiro e a entrega ao seu destinatário de mercadorias importadas, retirando, assim, mais uma garantia do Fisco, situação que não tem como ser recomposta ante a extinção do processo sem julgamento de mérito.

6. Embargos de divergência providos.

O STJ também já decidiu que o depósito pode ser efetuado ainda que o crédito não tenha sido constituído, desde que o valor respectivo possa ser facilmente apurado pelo próprio contribuinte, como é o caso do ICMS.[60]

---

[60] STJ. Segunda Turma. REsp nº 10.084/SP. Rel. Min. Ilmar Galvão. j. 29.05.1991. *DJ*, 17 jun. 1991.

O fisco não pode se apropriar de depósito realizado em processo no qual foi sucumbente, sob a alegação de que existiriam outras dívidas tributárias do mesmo contribuinte e que não foram discutidas no feito. O montante depositado integra o patrimônio do depositante, tanto que seus rendimentos constituem fato gerador do imposto sobre a renda. Além disso, o depósito judicial é feito especialmente para discutir determinado débito que está relacionado a uma lide específica.

Além de ser direito subjetivo do sujeito passivo, o depósito é cabível em qualquer procedimento judicial no qual seja objeto a exigência fiscal (por exemplo, ações anulatórias, declaratórias, mandado de segurança etc.), não se fazendo necessária prévia autorização judicial. O TRF da Segunda Região já decidiu que a medida cautelar, destinada a suspender a exigibilidade do crédito tributário mediante depósito, tem que ser julgada procedente, ainda que improcedente seja a questão de mérito na ação principal.[61]

A efetivação do depósito retira do contribuinte o direito ao levantamento do valor e faz surgir para a Fazenda pública o direito de que a retirada do montante somente se efetue após a solução da lide. Se a decisão for favorável a esta última, terá direito ao crédito judicialmente depositado (conversão em renda); do contrário, se favorável ao contribuinte, este terá direito à devolução do valor.

Em princípio, se o depósito for efetuado em ação declaratória, pode e deve ser pleiteado no bojo da ação principal, dispensando-se a propositura de ação cautelar para esse fim. Contudo, se houver urgência no depósito e a petição inicial da ação principal ainda não estiver devidamente instruída, poderá

---

[61] TRF. Segunda Região. Terceira Turma. AC nº 68.893/RJ. Des. Fed. Celso Passos. *DJ*, 17 abr. 1997.

ser pleiteado como medida preparatória, restando o prazo de 30 dias para o ajuizamento da ação principal, conforme entendimento do STJ.[62]

Outrossim, vale destacar entendimento recente do STJ nos autos dos embargos de divergência[63] opostos pela Fazenda Nacional em medida cautelar. A medida cautelar em questão foi ajuizada para que a caução de bens oferecida pela empresa autora fosse aceita, adiantando-se à execução fiscal, a fim de que a empresa tivesse a possibilidade de ter acesso à certidão positiva com efeitos de negativa. A ministra Eliana Calmon, em seu voto vencedor, ressaltou que o

> depósito em garantia, requerido como cautelar, longe de ser um absurdo, é perfeitamente factível como veículo de antecipação de uma situação jurídica, penhora, para adredemente obter o contribuinte as consequências do depósito: certidão positiva com efeito negativo, tão somente, na medida em que está a questão restrita aos limites traçados pelo acórdão que apenas concedeu a segurança para o fim determinado.

Dessa forma, negou-se provimento aos embargos de divergência opostos pela Fazenda Nacional, conforme aresto transcrito abaixo.

> Processo civil e tributário. Garantia real. Débito vencido, mas não executado. Pretensão de obter certidão positiva com efeito de negativa (art. 206 do CTN).
>
> 1. É possível ao contribuinte, após o vencimento da sua obrigação e antes da execução, garantir o juízo de forma antecipada, para o fim de obter certidão positiva com efeito negativo (art. 206 CTN).

---

[62] STJ. Segunda Turma. RMS nº 6.972/RJ. Rel. Min. Ari Pargendler. j. 10.10.1996. *DJ*, 18 nov. 1996.
[63] STJ. Primeira Turma. EREsp nº 815.629/RS. Rel. Min. José Delgado, j. 11.10.2006. *DJ*, 6 nov. 2006.

2. O depósito pode ser obtido por medida cautelar e serve como espécie de antecipação de oferta de garantia, visando futura execução.

3. Depósito que não suspende a exigibilidade do crédito.

4. Embargos de divergência conhecido, mas improvido.

Assim, percebe-se que o STF, a fim de preservar a atividade empresarial, pode tolerar o depósito de bens em vez do depósito pecuniário.

Impugnações administrativas

A Constituição da República garante o direito de petição aos poderes públicos em defesa de direitos ou contra ilegalidade ou abuso de poder (art 5º, XXXIV, da CR/88). Assim, o indivíduo não é obrigado a satisfazer exigência fiscal que lhe pareça ilegítima, nem está obrigado a ingressar em juízo para fazê-la. Pode recorrer à própria administração, voluntariamente, por meio de impugnações dirigidas às autoridades judicantes e dos recursos aos tribunais administrativos, como o Tribunal de Impostos e Taxas (TIT),[64] em São Paulo, e os conselhos de contribuintes.

Cabe às leis reguladoras do processo tributário administrativo, no âmbito da União, dos estados, do Distrito Federal e dos municípios, estabelecerem os limites e as hipóteses em que as impugnações e os recursos ocasionarão efeito suspensivo.

---

[64] Vinculado à Coordenadoria de Administração Tributária da Secretaria da Fazenda do Estado de São Paulo, o TIT é órgão paritário de julgamento de processos administrativos tributários decorrentes de lançamento de ofício.

Vale ressaltar que há divergência doutrinária acerca da hipótese de suspensão da exigibilidade prevista no bojo do art. 151, III, do CTN (em razão de reclamações e recursos de contribuintes, nos termos das leis reguladoras do processo tributário administrativo), porquanto se refere ao crédito tributário constituído provisoriamente, tanto que poderá ser impugnado pelo sujeito passivo da obrigação e revisto pela autoridade administrativa.

De um lado, Machado (2005:189-190) leciona, sobre o tema, que

> A suspensão, nos termos do que estabelece o art. 151 do Código Tributário Nacional, pode dar-se inclusive durante o procedimento de sua constituição, antes de sua constituição definitiva, pelo ato administrativo que o declara, encerrando o procedimento administrativo de lançamento. Por isto se diz que a suspensão da exigibilidade do crédito tributário pode ser:
>
> a) prévia, operando-se antes do surgimento da própria exigibilidade, porque no curso do próprio procedimento de constituição do crédito, caso em que mais propriamente se devia dizer *impedimento*, em lugar de suspensão;
>
> b) posterior, operando-se depois que o crédito está constituído e por isto mesmo é exigível.

Torres (2004:282),[65] por seu turno, esposa o entendimento de que "nem o depósito do seu montante integral nem a concessão de medida liminar em mandado de segurança inibem a Fazenda pública de providenciar a constituição do

---

[65] Essa posição é partilhada por Rosa Júnior (2005:606).

crédito pelo lançamento", isto porque, segundo o autor, "a suspensão apenas vai operar após a data em que o crédito se tornar exigível".

De toda forma, no procedimento administrativo, as reclamações e os recursos suspendem a exigibilidade do crédito tributário (art. 151, III, do CTN), conforme exposto no aresto[66] transcrito abaixo.

> Tributário. Processo civil. Exceção de pré-executividade. Exigibilidade do título comprometida pela existência de recurso administrativo. Acórdão do STJ. Questões não decididas.
>
> 1. A irresignação contra o lançamento tributário, por intermédio dos recursos e impugnações administrativas, é causa de suspensão da exigibilidade do crédito tributário e retira a executoriedade do título executivo, causando-lhe a nulidade, nos termos do art. 618, I, do CPC.
>
> 2. Nos acórdãos proferidos no REsp 701.533/RS, os pontos referentes ao cabimento do recurso administrativo e o ajuizamento de parcela incontroversa da dívida não foram objeto de análise, tendo aquela decisão fixado a tese segundo a qual a interposição de recurso administrativo suspende a exigibilidade do crédito.
>
> 3. Recurso especial não provido.

Por conseguinte, é suspensa a fluência do prazo prescricional, o qual volta a correr após o respectivo julgamento, caso a decisão seja favorável ao fisco.

---

[66] STJ. Segunda Turma. REsp nº 1.071.205/RS. Rel. Min. Eliana Calmon. j. 02.09.2008. *DJ*, 4 nov. 2008.

Nesse sentido, restabelecer-se-á a exigibilidade, passando o sujeito passivo a ter um prazo para cumprir sua obrigação, sob pena de o fisco ajuizar ação judicial para cobrar seu crédito. A constituição definitiva do crédito tributário somente ocorrerá com a decisão final do processo administrativo. Em sentido oposto, se a decisão for favorável ao contribuinte, extinguirá o próprio crédito tributário (art. 156, IX, do CTN).

Liminares e tutela antecipada

Liminar em mandado de segurança

A Constituição da República de 1988 prevê o mandado de segurança (MS) como remédio constitucional contra atos abusivos de autoridades públicas (art. 5º, LXIX e LXX, CR/88). Caso o *writ* seja utilizado contra uma exigência tributária, o juiz verificará a presença dos requisitos legais (perigo na demora e fumaça do bom direito) e, se julgar cabível, concederá a liminar, que culminará na suspensão da exigibilidade do tributo.

O MS pode ser preventivo ou repressivo; e ambas as espécies são perfeitamente aplicáveis no campo do direito tributário. É preventivo quando o contribuinte encontra-se na hipótese de incidência tributária, mas a entende ilegal, por isso se antecipa ao lançamento fiscal e ataca a própria obrigação tributária. Nesse ponto, o impetrante deve apresentar à autoridade judiciária informações ou indícios que demonstrem o propósito da autoridade da administração de autuá-lo ou notificá-lo pelo não recolhimento do tributo.

Enquanto o MS preventivo atinge a obrigação tributária, o MS repressivo ataca o crédito tributário, por ser posterior ao lançamento. O termo inicial do prazo de decadência de 120 dias é contado a partir da ciência do ato impugnado (art. 18 da Lei nº 1.533/51), seja este a lavratura de um auto de infração, seja uma notificação de exigência fiscal. A data da ocorrência do fato gerador não pode ser tida como termo inicial do prazo decadencial do direito à segurança. Esse é o entendimento, também, da Primeira Turma do STJ.[67]

Para que seja deferida a liminar, não é, em tese, necessário garantir o juízo com depósito ou fiança, embora essa prática seja bastante utilizada por juízes em todo o país. Amaro (1997:358) critica essa praxe judicial, uma vez que, estando presentes os requisitos legais para a concessão da liminar, o juiz deverá concedê-la independentemente de qualquer exigência do sujeito passivo. A Segunda Turma do STJ já se manifestou sobre a matéria, entendendo ser imprópria a decisão que defere medida liminar mediante depósito da quantia litigiosa, por serem institutos (liminar e depósito) com pressupostos próprios.[68] Em suma, o depósito e a liminar não se confundem nem se cumulam.

É necessário frisar, contudo, que é prudente o juiz condicionar a eficácia de medida liminar à prestação de garantia (depósito) quando ocorrerem situações atípicas, como é o caso de a impetrante ser uma massa falida. Parece claro que existe, nessa situação, o grande risco de a exação não ser recolhida, por causa da provável insolvência da demandante. O juiz deve, em tais circunstâncias, valer-se de seu poder discricionário, sem descuidar, como sempre, do interesse público.

Tutela antecipada

A reforma processual introduzida pela Lei nº 8.952, de 13 de dezembro de 1994, instituiu a figura da tutela antecipada em

---

[67] STJ. Primeira Turma. REsp nº 93.282. Rel. Min. Humberto Gomes de Barros. j. 10.09.1996. *DJ*, 7 fev. 1997.
[68] STJ. Segunda Turma. RMS nº 3.586-7/SP. Rel. Min. Ari Pargendler. j. 06.09.1995. *DJ*, 2 out. 1995.

nosso ordenamento. Para o seu deferimento é necessária prova inequívoca do direito alegado, além do fundado receio de dano irreparável ou de difícil reparação. Ademais, pode ser concedida quando ficar caracterizado o abuso do direito de defesa ou o manifesto propósito protelatório do réu (art. 273, do CPC).

A rigor, a decisão judicial de antecipação dos efeitos da tutela jurisdicional é conferida, ou não, mediante o exercício de cognição sumária do magistrado, que, diante das provas e alegações autorais constantes dos autos, antecipa a eficácia social, e não a jurídico-formal da referida tutela. Nesse sentido, Zavascki (2005:48) elucida que

> Antecipar significa satisfazer, total ou parcialmente, o direito afirmado pelo autor e, sendo assim, não se pode confundir medida antecipatória com antecipação *da sentença*. O que se antecipa não é propriamente a certificação do direito, nem a constituição e tampouco a condenação por ventura pretendidas como tutela definitiva. Antecipam-se, isto sim, os efeitos executivos daquela tutela. Em outras palavras: não se antecipa a eficácia jurídico-formal (ou seja, a eficácia declaratória, constitutiva e condenatória) da sentença; antecipa-se a eficácia que a futura sentença pode produzir no campo da realidade dos fatos.

A tutela antecipada encontra seu fundamento na necessidade de evitar-se, em virtude da demora na prestação jurisdicional, que qualquer das partes venha, no decorrer do processo, a sofrer danos ou perdas irreparáveis ou de difícil reparação. A possibilidade de perdas irreparáveis não se verifica somente em processos entre particulares, mas também em processos nos quais é parte o poder público.

Com a edição da Lei Complementar nº 104/01, que acrescentou um novo inciso (V) ao art. 151 do CTN, reconheceu-se expressamente a possibilidade de concessão de tutela antecipada contra a Fazenda pública, sendo um novo mecanismo legal de suspensão da exigibilidade do crédito tributário, ou seja, com a promulgação da referida norma, restou pacificado o direito do contribuinte de obter a concessão de tutela antecipada quando postular contra a Fazenda pública, desde que atendidos os requisitos legais.

A inovação legislativa trazida pela LC nº 104/01 corrobora o prestígio das decisões judiciais não terminativas em que se reconhecem liminarmente, ainda que em juízo de cognição sumária, os direitos do contribuinte ante o ímpeto arrecadador do Estado.

Cabe observar que não se confundem, nem são incompatíveis entre si, os institutos do duplo grau obrigatório de jurisdição e da antecipação de tutela jurisdicional. O disposto no art. 475 do CPC diz respeito tão somente à sentença, não abrangendo o instituto da tutela antecipada, que é disciplinada de forma diversa.

Nesse sentido, o Superior Tribunal de Justiça esposa o entendimento de que os preceitos contidos nos arts. 273 e 475, II, do CPC não obstam a possibilidade da concessão de antecipação da tutela jurisdicional ante a Fazenda pública.[69] Ao contrário do que ocorre com as sentenças proferidas contra a Fazenda pública, as decisões interlocutórias de antecipação de tutela produzem normalmente os seus efeitos.

O art. 151, *caput*, do CTN, conjugado com o inciso V do mesmo artigo, termina por estabelecer a suspensão da exigibilidade do crédito tributário por meio da "concessão de medida liminar ou de tutela antecipada, em outras espécies de

---

[69] Cf. STJ. Sexta Turma. REsp nº 171.258/SP. Rel. Min. Anselmo Santiago. j. 10.11.1998. *DJ*, 18 dez. 1998; STJ. Segunda Turma. REsp nº 624.079/SC. Rel. Min. João Otávio de Noronha. j. 05.12.2006. *DJ*, 14 fev. 2006; e STJ. Segunda Turma. REsp nº 770.308/SC. Rel. Min. Eliana Calmon. j. 28.08.2007. *DJ*, 11 set. 2007.

ação judicial". O dispositivo deve ser interpretado em sintonia com o art. 273, §7º, do CPC, segundo o qual, "se o autor, a título de antecipação de tutela, requerer providência de natureza cautelar, poderá o juiz, quando presentes os respectivos pressupostos, deferir a medida cautelar em caráter incidental do processo ajuizado".

O resultado da interpretação conjugada dos referidos dispositivos do CTN levou o doutrinador Mauro Luís Rocha Lopes (2003:346-347) a entender — balizado no princípio da fungibilidade — que é irrelevante saber se a suspensão da exigibilidade se dá a título de tutela cautelar ou de provimento antecipatório.

Questões de automonitoramento

1. Após ler este capítulo, você é capaz de resumir o caso gerador, identificando as partes envolvidas, os problemas atinentes e as possíveis soluções cabíveis?
2. Distinga suspensão do crédito tributário de moratória.
3. Quando é possível haver a suspensão, a moratória e o parcelamento do crédito tributário?
4. Qual a diferença prática entre depósito integral e pagamento tributário?
5. Quando é possível a concessão de liminares no âmbito tributário?
6. Pense e descreva, mentalmente, outras alternativas para a solução do caso gerador.

5

Crédito tributário III

Caso gerador

A empresa Ramos Ltda., cujo objetivo social é unicamente comercial, ajuizou ação de repetição do indébito, em 5 de abril de 1998, visando reaver os valores pagos a título de Finsocial sobre fatos geradores ocorridos em 1991, tendo em vista a inconstitucionalidade da majoração das alíquotas instituída pela lei. O Supremo Tribunal Federal declarou a inconstitucionalidade da majoração do tributo no Recurso Extraordinário nº 150.764-1/PE,[70] decisão que foi publicada em 2 de abril de 1993, tendo transitado em julgado no dia 4 de maio de 1993.

Pergunta-se: a ação foi proposta em tempo hábil para impedir a ocorrência da prescrição?

---

[70] STF. Pleno. RE nº 150764-1/PE. Rel. Min. Sepúlveda Pertence. Rel. p/ Acórdão Min. Marco Aurélio. j. 16.12.1992. DJ, 2 abr. 1993.

Roteiro de estudo

Extinção do crédito tributário

A extinção do crédito tributário faz extinguir a obrigação correspondente. O art. 156 do CTN apresenta rol não taxativo (exemplificativo) de hipóteses de extinção do crédito tributário: pagamento (inc. I); compensação (inc. II); transação (inc. III); remissão (inc. IV); prescrição e decadência (inc. V); conversão de depósito em renda (inc. VI); pagamento antecipado e homologação do lançamento (inc. VII); consignação em pagamento (inc. VIII); decisão administrativa irreformável, assim entendida a definitiva na órbita administrativa, que não mais possa ser objeto de ação anulatória (inc. IX); decisão judicial passada em julgado (inc. X) e dação em pagamento em bens imóveis, na forma e condições estabelecidas em lei (inc. XI).

É viável a existência de outras hipóteses ali não incluídas, desde que expressamente previstas em lei complementar, por força do que preceitua o art. 146, III, b, da CR/88.

Pagamento

É a forma por excelência de extinção do crédito tributário, disciplinado nos arts. 157 a 169 do CTN. De acordo com o art. 3º do CTN, a obrigação tributária é estritamente pecuniária, ou seja, paga em moeda nacional.

Convém consignar que a expressão "em moeda ou cujo valor nela se possa exprimir", contida no bojo do art. 3º do CTN, retomou lugar no campo de divergência acadêmica, com a edição da Lei Complementar Federal nº 104/01, que incluiu inciso XI no art. 156 do mesmo diploma legal, permitindo dação em pagamento de bens imóveis, na forma de lei específica dos entes federados. Sobre o tema, Rosa Júnior (2005:622) esclarece que

A dação *em pagamento* tem lugar quando o devedor entrega ao credor coisa que não seja dinheiro, em substituição à prestação devida, visando à extinção da obrigação, e haja concordância do credor. A dação em pagamento pode ocorrer no direito tributário porque (...) o tributo, em regra, deve ser pago em moeda corrente. Todavia, considerando que o referido dispositivo legal reza que o tributo corresponde a uma prestação pecuniária, *em moeda ou cujo valor nela se possa exprimir*, admite-se que o sujeito passivo da obrigação tributária possa dar bens em pagamento de tributos, desde que haja lei específica concedendo a necessária autorização, indicando o tributo que será objeto da dação e fixando critério para aferição do valor do bem (...).

Nessa linha de raciocínio, com a inserção do inciso XI no art. 156 do CTN, o legislador infraconstitucional deixou expresso que o instituto da dação em pagamento em bens imóveis, nas formas e condições estabelecidas pela via normativa, constitui causa de extinção do crédito tributário.

É oportuno notar que, em tese, nada obsta a que seja admitida ulteriormente a dação em pagamento de bens móveis como forma de extinção do crédito tributário, desde que haja lei complementar específica que assim preveja, a exemplo do que fez a Lei Complementar nº 104/01 em relação à dação em pagamento de bens imóveis,[71] considerando que, como mencionado, o rol constante do art. 156 do CTN tem natureza exemplificativa.

No direito tributário, a determinação do prazo para pagamento, por não ser elemento do tributo, não se submete ao princípio da legalidade. Admite-se, assim, que o prazo para pagamento esteja previsto em ato infralegal. Contudo, em

---

[71] Ver apostila da Sessão I acerca da discussão sobre dação em pagamento de bens imóveis na ADI nº 1917/DF, pelo Supremo Tribunal Federal.

função do princípio da hierarquia das normas, caso o referido prazo para pagamento guarde previsão em lei, somente outra lei poderá alterá-lo.

Na hipótese de a lei não tratar da matéria, o pagamento deverá ser feito até 30 dias contados da data em que se considera o sujeito passivo notificado do lançamento (art. 160 do CTN). Como é cediço, se o devedor deixar de adimplir sua obrigação tributária no prazo para tanto determinado, incidirá automaticamente em mora.

Cabe nesse ponto estabelecer a diferença entre juros de mora e multa de mora. Os juros de mora têm natureza indenizatória da perda de capital, sofrida pelo credor, pelo não recebimento do tributo no dia legalmente previsto, enquanto a multa de mora tem natureza de penalidade e visa desestimular o inadimplemento da obrigação tributária. Apenas a multa tem caráter punitivo; os juros, não.

Caso o sujeito passivo fique inadimplente e a lei não disponha de modo diverso, o valor dos juros a serem pagos será calculado à taxa de 1% ao mês (art. 161, §1º, do CTN). No caso dos tributos federais, aplicar-se-á a taxa do Sistema Especial de Liquidação e de Custódia — Selic, de acordo com o art. 39, §4º, da Lei nº 9.250/95.[72]

É aplicável a taxa Selic[73] quando o contribuinte move ação de repetição de indébito contra a Fazenda pública fe-

---

[72] O art. 39, §4º, da Lei nº 9.250/95 determina que "a partir de 1º de janeiro de 1996, a compensação ou restituição será acrescida de juros equivalentes à taxa referencial do Sistema Especial de Liquidação e de Custódia — Selic para títulos federais, acumulada mensalmente, calculados a partir da data do pagamento indevido ou a maior até o mês anterior ao da compensação ou restituição e de 1% relativamente ao mês em que estiver sendo efetuada". De se notar que a Lei nº 9.532/97, em seu art. 73, disciplinou que "o termo inicial para cálculo dos juros de que trata o §4º do art. 39 da Lei nº 9.250, de 1995, é o mês subsequente ao do pagamento indevido ou a maior que o devido".

[73] Está pacificado no STJ o entendimento de que a taxa Selic compreende: taxa, juros e correção monetária.

deral? Ora, se os débitos do contribuinte são solvidos com a aplicação da taxa Selic, nada mais justo que se aplique a mesma taxa para a repetição de indébito, sempre a partir de 1º de janeiro de 1996.[74]

A dívida tributária é *portable*, ou seja, o devedor dirige-se ao credor para saldar a dívida (art. 159 do CTN), e a prova do pagamento é documental (art. 158, I, do CTN). O pagamento de uma parcela não presume o das anteriores.

A imputação de pagamento, prática comum nas repartições fazendárias, consiste na realocação do pagamento do montante de tributo feito pelo contribuinte. As regras de imputação a serem seguidas pela autoridade administrativa competente estão previstas nos incisos I a IV do art. 163 do CTN.

Ao arrimo das lições de Coêlho (2006:806-812), que critica o dispositivo em tela, verifica-se que, na forma do que preceitua o art. 352 do Código Civil em vigor, o devedor de dois ou mais débitos (líquidos e vencidos) a um único credor tem o direito de realizar a indicação de qual deles está a pagar, ao passo que no direito tributário, por força do comentado art. 163 do CTN, ocorre justamente o processo inverso, porquanto será o credor que imporá ao devedor qual crédito está a receber.

Nessa esteira de raciocínio, sustenta ainda o autor que, além da circunstância de inverter a tese "obrigacional" do direito civil (tese de extrema coerência), tal previsão normativa privilegia um dos polos da relação, qual seja, o Estado, "como se tudo não passasse de função administrativa em prol da administração".[75]

E mais, sob tais argumentos, portanto, a Fazenda pública não pode imputar os pagamentos diante dos princípios

---

[74] STJ. Segunda Turma. EREsp nº 162.914/PR. Rel. Min. Humberto Gomes de Barros. j. 13.10.1999. *DJ*, 4 set. 2000; e STJ. Primeira Turma. REsp nº 206.077/SC. Rel. Min. Garcia Vieira. j. 18.05.1999. *DJ*, 1 jul. 1999.
[75] Coêlho, 2006:807.

constitucionais do devido processo legal, da legalidade e da oficialidade dos atos administrativos. Isso agregado ao fato de que constitui ônus do credor diligenciar o recebimento de seus eventuais créditos exigíveis; corre contra seus interesses o prazo prescricional, e nem por essa razão lhe é atribuída pelo direito civil a facilidade da imputação.

Assim, ainda na ótica de Coêlho, tal dispositivo manifesta inconstitucionalidade, eis que atenta contra o princípio da não surpresa, que é uma garantia do cidadão-contribuinte. Nas palavras do autor:

> Nas relações tributárias, como muito maior razão, não pode competir ao Fisco tamanho privilégio. Constitui garantia do cidadão-contribuinte o princípio da não surpresa, de que certamente é faceta a proibição da imputação do pagamento pelo sujeito ativo.
>
> A cobrança do crédito tributário não satisfeito espontaneamente pelo sujeito passivo é de ser feita em juízo, ainda que mediante procedimento específico. Preliminarmente ao ajuizamento da execução fiscal, ritos também particulares.
>
> Sendo assim, não se admite que o Fisco, pelo artifício da imputação em pagamento, contorne todas as formalidades a que deve submeter-se na exigência de seus créditos, cobrando do sujeito passivo tributo que este não deseja pagar, não teve oportunidade de impugnar e por vezes desconhece inteiramente.[76]

Prosseguindo no estudo da extinção do crédito tributário mediante pagamento, tratamos agora da consignação em pagamento, prevista no art. 164 do CTN. As hipóteses em que cabe consignação são:

---

[76] Coêlho, 2006:810.

- recusa de recebimento, ou subordinação deste ao pagamento de outro tributo ou de penalidade, ou ao cumprimento de obrigação acessória — inciso I;
- subordinação do recebimento ao cumprimento de exigências administrativas sem fundamento legal — inciso II;
- exigência, por mais de uma pessoa jurídica de direito público, de tributo idêntico sobre o mesmo fato gerador — inciso III.

A finalidade do inciso III do art. 163 do CTN é exonerar o contribuinte de conflito de competência existente entre duas ou mais fazendas que disputam tributo idêntico sobre o mesmo fato gerador. O conflito tem que ser comprovado, sob pena de carência da ação.

A consignação extinguirá o crédito tributário, e a importância consignada será convertida em renda caso o contribuinte consigne integralmente o que a Fazenda pública entenda devido e seja julgada procedente a ação. No caso de a ação ser julgada improcedente no todo ou em parte, o contribuinte terá que saldar o crédito acrescido de juros e multas, eis que não há suspensão do crédito, conforme dispõe o §2º do art. 164 do CTN, além da correção monetária, custas e honorários advocatícios.

O pagamento indevido se dá quando o contribuinte paga tributo a maior ou totalmente indevido, independentemente de ser culpado (arts. 165 a 169 do CTN). É princípio de direito privado aquele segundo o qual "quem paga mal, paga duas vezes"; no entanto, tal norteamento não tem aplicabilidade no direito tributário, em razão da legalidade tributária.

No âmbito tributário, aquele que paga mal tem direito à repetição do indébito. A ação cabível na hipótese de restituição é a de repetição de indébito, conforme dispõe o art. 165 do CTN.

Vale mencionar, por oportuno, que, em princípio, o ônus de qualquer tributo pode ser repassado. Contudo, é preciso primeiramente estabelecer a diferença entre repercussão financeira e repercussão jurídica.

A repercussão financeira ou econômica é aquela segundo a qual, em tese, qualquer tributo pode ser repassado por meio do mecanismo de preços e contratos. É o que acontece, por exemplo, com o imposto sobre a propriedade territorial urbana (IPTU), em que, apesar de o proprietário ser o sujeito passivo da relação jurídico-tributária, quem assume contratualmente o ônus é o locatário. Esse tipo de repercussão não é relevante para o disposto no art. 166 do CTN.

A repercussão jurídica, por sua vez, ocorre quando a própria lei prevê mecanismo de repercussão. O mecanismo de créditos e débitos legalmente previsto (por exemplo, ICMS e IPI) é que interessa para fins do art. 166 do CTN.

Sobre o assunto, o STJ manifestou-se no sentido de que os tributos que comportem, por sua natureza, a realização de transferência de seu respectivo encargo financeiro são unicamente aqueles em que a própria lei estabeleça essa possibilidade, e apenas nessas hipóteses é que se aplica a regra insculpida no bojo do art. 166 do CTN.

Isso porque, como salienta aquela colenda corte na decisão proferida quando do julgamento do REsp nº 200518/SP,[77] a aplicação do art. 166 do CTN se dá, porquanto o verbete de Súmula nº 546 do STF dispõe que "cabe a restituição do tributo pago indevidamente, quando reconhecido, por decisão, que o contribuinte de *jure* não recuperou do contribuinte *de facto* o *quantum* respectivo".

---

[77] STJ. Primeira Turma. REsp nº 200518/SP. Rel. Min. José Delgado. j. 16.11.1999. *DJ*, 8 mar. 2000.

Assim, o contribuinte de direito deverá provar que não repassou o ônus do tributo para que tenha direito à restituição. Essa análise é casuística. A jurisprudência tem admitido que o ônus é absorvido pelo contribuinte de direito quando se comprova que, apesar do aumento do tributo, o preço do produto permaneceu o mesmo.

O contribuinte de fato não tem legitimidade para proceder à restituição, em virtude de não possuir relação jurídica direta com a Fazenda pública. Nesse caso, em virtude do princípio da supremacia do interesse público sobre o particular, o valor pago indevidamente ficará com o Estado.

Até bem pouco tempo atrás, não havia dúvidas de que a regra geral para pleitear a restituição era a seguinte: o contribuinte tinha cinco anos, a partir da extinção do crédito tributário, para pleiteá-la (inciso I do art. 168, CTN). Em regra, o momento da extinção do crédito tributário é o do pagamento. É claro que a regra geral somente tem aplicação para o lançamento por declaração ou de ofício, não para o por homologação. Nestes o contribuinte calcula e recolhe o tributo; logo, se entendia que o momento do recolhimento representa uma antecipação do pagamento.

Como a Fazenda, em média, leva cinco anos para homologar, o prazo para o contribuinte pedir o valor recolhido de volta era calculado da seguinte forma: cinco anos para homologar (art. 150, §4º, CTN), mais os cinco do prazo decadencial do art. 168 do CTN. Logo, o contribuinte supostamente tinha até 10 anos para pleitear a restituição. Nesse caso, se a Fazenda pública homologasse o lançamento antes dos cinco anos — homologação expressa —, o prazo decadencial começava a fluir a partir da homologação. Por outro lado, se não houvesse homologação expressa, considerava-se tacitamente homologado o lançamento depois dos cinco anos.

De toda forma, à evolução jurisprudencial sobre o assunto reservaremos tópico específico mais adiante, quando tratarmos do tema relacionado à prescrição no âmbito do direito tributário.

Compensação

A compensação no direito civil significa o acerto de contas entre o credor e o devedor, com a finalidade de extinguir créditos e débitos recíprocos. A mesma coisa acontece no direito tributário: a Fazenda pública deve ao contribuinte, e este deve àquela.

No direito tributário, a compensação exige os mesmos requisitos do direito civil: liquidez e certeza dos créditos. Ambos os créditos têm que ser líquidos e certos, mas a liquidez não precisa ser provada em juízo.

No caso específico de tributos lançados por homologação, o juiz defere a compensação, ficando a cargo da administração fazendária a verificação da efetiva existência e liquidez dos créditos, e ao risco do contribuinte a observação das normas constantes na sentença e na legislação aplicável.

A principal diferença entre a compensação no direito civil e no direito tributário é que, enquanto no direito civil a compensação resulta de acordo de vontades, no direito tributário ela só é admitida se prevista em lei.

Nesse sentido, o art. 170 do CTN determina: "a lei pode, nas condições e sob as garantias que estipular, ou cuja estipulação em cada caso atribuir à autoridade administrativa, autorizar a compensação de créditos tributários com créditos líquidos e certos, vencidos ou vincendos, do sujeito passivo contra a Fazenda pública". De acordo com o texto legal, a compensação não decorre do CTN, mas da lei. Sem lei não há compensação. A lei estabelece em que casos e em que condições a compensação será feita.

Vale registrar que a previsão normativa que concede a autorização para a compensação de eventuais créditos, na forma do art. 170 do CTN, está circunscrita à seara de competência tributária do ente da federação que a edita, sendo vedado, portanto, o uso da analogia, com vista a estender a sua aplicação para outra esfera administrativa, ou seja, na hipótese de inexistir em âmbito municipal a chancela legal, pela via de lei local, para a realização de compensação, esta não será admitida com relação aos tributos daquela entidade tributante, ainda que haja norma estadual conferindo tal possibilidade.[78]

A autocompensação (genérica) é aquela que ocorre com relação aos tributos cujo lançamento se dá por homologação, quando o contribuinte faz a compensação por conta própria, sem formular qualquer requisição ou comunicação formal à Fazenda pública. A compensação é feita na escrituração contábil, dependendo, contudo, de ulterior homologação do fisco, para que se considere extinta a obrigação tributária.

O art. 66 da Lei nº 8.383/91 prevê essa modalidade de compensação, que é submetida a várias condições. A primeira condição está prevista no próprio art. 66, §1º, da referida lei federal,[79] ao dispor que "a compensação só poderá ser efetuada entre tributos, contribuições e receitas da mesma espécie". É o fato gerador que determina a espécie do tributo, conforme estabelece o art. 4º do CTN; assim, para que ocorra a compensação, o tributo tem que ter o mesmo fato gerador.

Existem tributos que, apesar de possuírem o mesmo fato gerador, não possibilitam a compensação (por exemplo, contribuição social sobre o lucro líquido — CSLL e imposto de renda

---

[78] Daí, inclusive, a importância de consignar que as leis federais (por exemplo, as leis nº 8.383/91, nº 9.430/96 e nº 10.637/02) somente se aplicam aos tributos de competência da União.
[79] Conforme a redação que lhe foi conferida pela Lei nº 9.069/99.

— IR), em função do disposto no art. 39 da Lei nº 9.250/95, que fornece o segundo requisito de validade da compensação: tributo com a mesma destinação constitucional. Assim, apesar de a Constituição Federal de 1988 determinar que a CSLL e o IR têm o mesmo fato gerador (lucro), a primeira tem destinação constitucional específica (financia a seguridade social), já a segunda, não.

O terceiro requisito para que ocorra a compensação é que ela tem de ser feita com a mesma pessoa com capacidade tributária ativa. Dessa forma, tributo arrecadado pela Receita do Brasil não pode, por exemplo, ser compensado com o arrecadado pelo Instituto Nacional do Seguro Social.

O tributo declarado inconstitucional em controle concentrado proporciona a autocompensação, independentemente de comunicação à Receita do Brasil, porque a decisão judicial tem efeito *erga omnes* e é, pior via de regra, *ex tunc*. Por outro lado, é inviável a autocompensação quando a declaração de inconstitucionalidade se dá pelo controle difuso, porque o efeito dessa decisão é *inter partes*, ou seja, não alcança os demais contribuintes.

Até o advento da Lei nº 10.637/02, havia uma segunda modalidade de compensação (específica), que seria aquela prevista nos arts. 73 e 74 da Lei nº 9.430/96, em que a utilização dos créditos do contribuinte e a quitação de seus débitos eram efetuadas em procedimentos internos à Secretaria da Receita Federal (art. 73), que atendia a requerimento do contribuinte (art. 74). Era, portanto, modalidade que permitia a compensação de qualquer crédito ou contribuição arrecadada pela então Secretaria da Receita Federal, mas dependia de requerimento do contribuinte e de autorização fazendária.

No entanto, o art. 74 da Lei nº 9.430/96 foi alterado pelo art. 49 da Lei nº 10.637/02, que suprimiu a exigência de prévio controle administrativo e estabeleceu que a compensação será efetuada mediante a entrega, pelo sujeito passivo, de declaração na qual constarão informações relativas aos créditos utilizados e aos correspondentes débitos compensados. O dispositivo estabelece, ainda, que a compensação declarada à Secretaria da Receita Federal extingue o crédito tributário, sob condição resolutória de sua ulterior homologação (§2º do art. 74).

Com o advento da Lei nº 10.637/02, a compensação específica do art. 74 da Lei nº 9.430/96 tornou-se genérica. Desde então, cabe ao contribuinte a responsabilidade pela análise de liquidez e certeza do crédito a ser compensado. A homologação da compensação identifica-se com o lançamento tributário exercido *a posteriori* pelas autoridades administrativas e por isso deve ser feita no prazo decadencial estipulado pelo §4º do art. 150 do CTN.[80]

Entre os verbetes de súmula do STJ mais relevantes em matéria de compensação temos a Súmula nº 212, que determina que "a compensação de créditos tributários não pode ser deferida em ação cautelar ou por medida liminar cautelar ou antecipatória",[81] e a Súmula nº 213, que preceitua que "o mandado de segurança constitui ação adequada para a declaração do direito à compensação tributária".

Transação

Transigir significa abrir mão de direitos (concessões recíprocas), para se chegar à solução de um litígio. O Código Civil dispõe, em seu art. 840, ser lícito aos interessados prevenirem ou terminarem o litígio mediante concessões mútuas.

---

[80] Sobre o assunto, ver Pfeilsticker (2003).
[81] Na sessão de 11 de maio de 2005, a Primeira Seção deliberou pela alteração da Súmula nº 212. A redação anterior (decisão de 23 de setembro de 1998, *DJ*, 2 out. 1998) era: "a compensação de créditos tributários não pode ser deferida por medida liminar".

Prevista no art. 156, inciso III, do CTN, a transação vem disciplinada no art. 171 do mesmo diploma legal:

> A lei pode facultar, nas condições que estabeleça, aos sujeitos ativo e passivo da obrigação tributária celebrar transação que, mediante concessões mútuas, importe em determinação de litígio e consequente extinção do crédito tributário.
>
> Parágrafo único. A lei indicará a autoridade competente para autorizar a transação em cada caso.

Enquanto no direito privado a transação é admitida anteriormente à formação do litígio ou no curso do mesmo, no sistema do CTN a transação somente pode ser terminativa do litígio e levada a cabo nos termos da lei. Esclarece-se que lei especial referente à transação em matéria tributária ainda não foi elaborada em nível federal, estando em trâmite junto à Procuradoria da Fazenda Nacional um projeto de lei que dispõe sobre o tema, encaminhado ao ministro Guido Mantega através do Ofício nº 624/PGFN-PG.[82]

Remissão

Ato unilateral do Estado legislador, a remissão significa o perdão da dívida tributária. Abrange tanto o principal quanto as penalidades. O crédito já tem que estar constituído (lançado) para que seja concedida. Diferencia-se da anistia, que ocorre antes do lançamento e alcança apenas as penalidades, e também da isenção, que ocorre antes do lançamento e só abrange o principal.

---

[82] Disponível em: <www.fazenda.gov.br/portugues/releases/2007/r150307d-oficio-624-PGFN.pdf>.

Está prevista no art. 156, IV, do CTN e é disciplinada no art. 172 do mesmo diploma legal. Os incisos I a V do referido art. 172 relacionam os motivos legais que podem levar a autoridade administrativa a conceder remissão, quais sejam: a situação econômica do sujeito passivo; o erro, ou ignorância, escusáveis do sujeito passivo quanto à matéria de fato; a diminuta importância do crédito tributário; a equidade em relação às características pessoais ou materiais do caso; e as condições peculiares a determinada região do território da entidade tributante.

Os motivos elencados fazem parte de rol não exaustivo, ou seja, lei específica pode autorizar a concessão de remissão em outras hipóteses ali não previstas (art. 150, §6º, da CR/88). O direito tributário tem natureza eminentemente arrecadatória, razão pela qual não se pode autorizar remissão por qualquer motivo, devendo-se atentar para o princípio da razoabilidade.

Por fim, destaque-se que o parágrafo único do art. 172 do CTN estabelece, em caso de burla ou simulação dolosa, regra de retorno ao *status quo ante*.

Decadência e prescrição

Os institutos da prescrição e decadência, no direito tributário, têm a mesma natureza daqueles existentes no direito civil. O que os fundamenta é o atendimento do interesse público, bem como a necessidade de segurança jurídica. Ambos têm natureza jurídica de direito tributário material, além de terem caráter extintivo. Da mesma forma, podem ser reconhecidos de ofício, porque são normas de ordem pública.

Em linhas gerais, a decadência é a perda do direito que pode ser imposto a outrem, independentemente de sua vontade, ou seja, é um direito potestativo. A prescrição, por sua vez, é a perda do direito subjetivo.

Direcionando o raciocínio para o direito tributário, temos que o CTN estabelece uma dicotomia das atividades estatais tendentes à cobrança do crédito tributário. Tal dicotomia se mostra, inclusive, na nomenclatura utilizada pelo referido diploma, quando estabelece que o fato gerador dá nascimento a uma obrigação tributária que só será exigível após a constituição do crédito.

Nesse passo, a decadência é a perda do direito potestativo da Fazenda pública de lançar o crédito tributário, eis que o lançamento se traduz numa manifestação de vontade da autoridade fiscal que muda a situação jurídica do contribuinte, que passa a ser devedor.

O prazo decadencial situa-se entre o fato gerador e o lançamento. O contribuinte não pode se opor ao direito de lançar, cabendo-lhe apenas sujeitar-se a isso. Coelho (2004:826) entende que inexiste decadência do direito de lançar, já que apenas o direito decai, nunca o ato jurídico, que preclui quando sujeitado ao tempo.

A prescrição, por sua vez, é posterior ao lançamento e implica a perda do direito subjetivo da Fazenda pública de ajuizar a execução judicial do crédito tributário. Há um direito subjetivo da Fazenda de cobrar e uma obrigação do contribuinte de pagar.

A rigor, a prescrição, tanto no direito civil quanto no direito tributário, extingue não somente o direito de ação, como também a própria pretensão jurídica, o direito de exigir. Assim, a prescrição tributária não impede somente o manejo da execução fiscal, mas qualquer outro mecanismo, ainda que indireto, de cobrança.

A contagem do prazo é feita com exclusão do dia do início da fluência, que só se inicia em dia de expediente normal na repartição em que deve ser praticado o ato ou em que tramita o processo.

Decadência

Os prazos decadenciais estão previstos no art. 173 do CTN, *verbis*:

> O direito de a Fazenda pública constituir o crédito tributário extingue-se após cinco anos, contados:
>
> I — do primeiro dia do exercício seguinte àquele em que o lançamento poderia ter sido efetuado;
>
> II — da data em que se tornar definitiva a decisão que houver anulado, por vício formal, o lançamento anteriormente efetuado.
>
> Parágrafo único. O direito a que se refere este artigo extingue-se definitivamente com o decurso do prazo nele previsto, contado da data em que tenha sido iniciada a constituição do crédito tributário pela notificação, ao sujeito passivo, de qualquer medida preparatória indispensável ao lançamento.

O início da fluência do prazo decadencial depende do tipo de lançamento a que está submetido o tributo. A regra geral está prevista no art. 173, I, do CTN, segundo o qual o prazo decadencial de cinco anos começa a correr a partir do primeiro dia do exercício seguinte àquele em que o crédito poderia ter sido lançado. É regra ligada ao princípio da anterioridade. Assim, se o fato gerador ocorrer em abril de 2004, o prazo para a Fazenda pública constituir o crédito começará a correr em 1º de janeiro de 2005 e terminará em 1º de janeiro de 2010.

Situação diferente é aquela em que o sujeito passivo é notificado de qualquer medida preparatória indispensável ao lançamento. Nessa hipótese, o prazo de cinco anos será antecipado e começará a contar da data da notificação (parágrafo único do art. 173 do CTN). Trata-se de norma benéfica para o contribuinte.

O art. 173, II, do CTN estabelece o prazo decadencial de cinco anos, contados da data da decisão definitiva que houver anulado, por vício de forma, o lançamento anteriormente efetuado. A decisão definitiva mencionada no diploma legal pode ser de natureza administrativa (por exemplo, vício no auto de infração) ou de natureza judicial (por exemplo, trânsito em julgado da decisão que anula o lançamento anterior). Assim, a decisão definitiva é uma das causas de interrupção de decadência, para aqueles que entendem que a decadência no direito tributário não se confunde com a do direito civil.

De fato, no direito civil,[83] à decadência não se aplicam, salvo disposição legal em contrário, as normas que interrompem, suspendem ou impedem a prescrição, mas no âmbito do direito tributário a decisão administrativa que anulou o lançamento faz com que o prazo decadencial recomece. Contudo, os prazos de suspensão e interrupção nada têm a ver com a natureza jurídica da decadência; logo, a eventual interrupção do prazo decadencial não a descaracteriza.

Vale ressaltar que Santos Júnior (2001:301) entende que a fluência do prazo de decadência não sofre suspensão ou interrupção no direito tributário, a exemplo do que ocorre no direito privado. Carvalho (1997b) diverge de tal posicionamento, pois entende que o espaço de tempo porventura gasto até a lavratura do ato de lançamento que for anulado por vício formal deve ser desprezado, mediante decisão irrevogável, passando a contar-se novo período de cinco anos.

No caso dos tributos lançados por declaração ou de ofício, o prazo será o primeiro dia útil do exercício seguinte àquele em que este poderia ter sido efetuado.

---

[83] Art. 207 do Código Civil (Lei nº 10.406/02).

A decadência nos tributos lançados por homologação tem tratamento distinto, conforme dispõe o art. 150, §4º, do CTN:

> Se a lei não fixar prazo à homologação, será ele de cinco anos, a contar da ocorrência do fato gerador; expirado esse prazo sem que a Fazenda pública se tenha pronunciado, considera-se homologado o lançamento e definitivamente extinto o crédito, salvo se comprovada a ocorrência de dolo, fraude ou simulação.

Como esclarece Machado (2005:223-225), "o objeto da homologação (...) é atividade de apuração e não o pagamento". Assim,

> Havendo depósito, e não tendo a Fazenda pública discordado de seu valor, há lançamento por homologação. Havendo manifestação de concordância por parte da Fazenda, com o valor depositado, ter-se-á homologação expressa. Não havendo, com o decurso do prazo de cinco anos contados do fato gerador do tributo, ter-se-á homologação tácita e com isto opera-se a decadência do direito de a Fazenda pública exigir qualquer diferença.

Sustenta ainda o autor que o prazo de que dispõe o fisco para ultimar o lançamento tributário, sob pena de decadência do direito de exigir o respectivo crédito, é de cinco anos, independentemente da modalidade de lançamento a que o tributo esteja submetido. De toda forma, no que se refere aos tributos sujeitos ao lançamento por homologação, há divergência de entendimentos quanto ao termo *a quo* de fluência do prazo decadencial.

Isso porque, em se cuidando de hipótese de exações subsumidas ao lançamento por homologação, como já salientamos, por força do que dispõe o art. 150, §4º, do CTN, o prazo de decadência se inicia na data da ocorrência do fato gerador respectivo, com a circunstância específica de que, *in casu*, o sujeito passivo antecipa o pagamento do tributo, e a Fazenda pública tem cinco anos para lançar.

Os contribuintes defendem a tese de que o prazo de cinco anos é contado a partir do fato gerador, enquanto a tese fazendária é no sentido de que os cinco anos contam-se do dia seguinte àquele em que se extinguiu o direito da Fazenda de homologar o lançamento. Assim, para a Fazenda, seriam cinco anos para a homologação tácita mais cinco anos para lançar a diferença, a contar do exercício seguinte à data da homologação (art. 173, I, c/c art. 150, §4º, ambos do CTN).

Amaro (2003:396-400), colacionando as posições doutrinárias e jurisprudenciais em seara de direito tributário acerca da segunda ressalva contida no art. 150, §4º, do CTN e que diz respeito aos casos de dolo, fraude ou simulação, leciona que nessas hipóteses inexiste homologação tácita, daí a necessidade de se perquirir qual seria o prazo dentro do qual a Fazenda pública, a partir da demonstração da ocorrência de qualquer um dos ilícitos tributários mencionados pelo dispositivo em tela, poderia recusar a homologação e ultimar o lançamento de ofício.

Nessas hipóteses tem-se que, caso haja omissão culposa, a fluência do prazo decadencial se inicia no primeiro dia útil do exercício seguinte àquele em que poderia o lançamento ter sido efetuado. No entanto, havendo omissão dolosa, fraude ou simulação, o prazo só se inicia quando a Fazenda pública tiver ciência do fato doloso, de modo que o prazo de cinco anos se contará da notificação do sujeito passivo.

Outrossim, é importante repetir que, na forma do art. 146, III, b, da CR/88, prescrição e decadência tributárias devem ser regidas por lei complementar.

Por essa razão foi editada a Súmula Vinculante nº 8 do STF, que determina que "são inconstitucionais o parágrafo único do art. 5º do Decreto-Lei nº 1.569/77 e os arts. 45 e 46 da Lei nº 8.212/91, que tratam de prescrição e decadência de crédito tributário".

Eis um dos acórdãos que se tornou *leading case* para edição da referida súmula:

> Direito tributário. Constitucionalidade formal dos artigos 45 e 46 da Lei nº 8.212/1991. Artigo 146, inciso III, alínea b, da Constituição da República. Prescrição e decadência tributárias. Matéria reservada à lei complementar. Artigos 173 e 174 do Código Tributário Nacional. Recurso extraordinário ao qual se nega provimento.
>
> 1. A Constituição da República de 1988 reserva à lei complementar o estabelecimento de normas gerais em matéria de legislação tributária, especialmente sobre prescrição e decadência, nos termos do art. 146, inciso III, alínea b, *in fine*, da Constituição da República. Análise histórica da doutrina e da evolução do tema desde a Constituição de 1946.
>
> 2. Declaração de inconstitucionalidade dos artigos 45 e 46 da Lei nº 8.212/1991, por disporem sobre matéria reservada à lei complementar.
>
> 3. Recepcionados pela Constituição da República de 1988 como disposições de lei complementar, subsistem os prazos prescricional e decadencial previstos nos artigos 173 e 174 do Código Tributário Nacional.
>
> 4. Declaração de inconstitucionalidade, com efeito *ex nunc*, salvo para as ações judiciais propostas até 11-6-2008, data em que o Supremo Tribunal Federal declarou a inconstitucionalidade dos artigos 45 e 46 da Lei nº 8.212/1991.
>
> 5. Recurso extraordinário ao qual se nega provimento.[84]

---

[84] STF. Pleno. RE nº 559.943/ RS. Rel. Min. Carmen Lúcia. j. 12.06.2008. *DJ*, 26 set. 2008.

Ademais, conforme se depreende do noticiado no Informativo nº 514 do STF, aquele "tribunal, por maioria, julgou procedente pedido formulado em ação direta, ajuizada pelo governador do estado de Santa Catarina, para declarar a inconstitucionalidade da expressão 'sob pena de seu arquivamento e da impossibilidade de revisão ou renovação do lançamento tributário sobre o mesmo fato gerador', contida no §4º do art. 16 ('a lei fixará prazo para o proferimento da decisão final no processo contencioso administrativo-tributário, sob pena de seu arquivamento e da impossibilidade de revisão ou renovação do lançamento tributário sobre o mesmo fato gerador'), bem como do art. 4º do Ato das Disposições Constitucionais Transitórias ('enquanto não promulgada a lei prevista no art. 16, §4º, da Constituição, o prazo nele referido é fixado em 12 meses, e em seis meses para os processos em tramitação, descontado o período necessário à realização de diligências motivadas'), ambos da Constituição estadual". Isso porque, "entendeu-se que a norma representaria uma espécie de decadência intercorrente, de alcance abrangente, matéria que estaria expressamente reservada à disposição geral por via de lei complementar federal (CF, art. 146, III)". Foi asseverado, entretanto, que, "em face do princípio da federação, a partir da CF/88, não seria inconstitucional que o legislador estadual fixasse o tempo de tramitação de um processo administrativo tributário, mas, pelo contrário, salutar, considerada, sobretudo, a garantia da razoável duração do processo (CF, art. 5º, LXXVIII). Vencido, em parte, o ministro Menezes Direito, que acompanhava o relator somente quanto à expressão do §4º do art. 16, e vencido, integralmente, o ministro Marco Aurélio, que julgava o pedido improcedente".[85]

---

[85] STF, ADI nº 124/SC. Rel. Min. Joaquim Barbosa, Pleno, j. 01.8.2008. *DJ*, 8 set. 2008.

Prescrição

Na prescrição, o prazo de cinco anos começa a contar da constituição definitiva do crédito tributário, ou seja, quando o lançamento se torna insuscetível de modificação na esfera administrativa. O prazo prescricional é para a Fazenda pública cobrar o crédito tributário, ou seja, ajuizar a execução fiscal.

Nos tributos lançados por homologação, o prazo prescricional conta-se do final da data para pagamento indicada no lançamento de ofício revisional que porventura venha a ser efetuado pela Fazenda pública. No caso dos tributos lançados por declaração ou de ofício, o prazo conta-se do final da data consignada na notificação para o pagamento.

O art. 174 do CTN estabelece:

> A ação para a cobrança do crédito tributário prescreve em cinco anos, contados da data de sua constituição definitiva.
>
> Parágrafo único. A prescrição se interrompe:
>
> I — pela citação pessoal feita ao devedor;
>
> II — pelo protesto judicial;
>
> III — por qualquer ato judicial que constitua em mora o devedor;
>
> IV — por qualquer ato inequívoco, ainda que extrajudicial, que importe em reconhecimento do débito pelo devedor.

Durante o processo administrativo fiscal não corre prazo algum. O prazo decadencial não corre porque já houve o lançamento, e o prazo prescricional ainda não começou a correr. A contagem do prazo prescricional só iniciará quando findar o procedimento administrativo fiscal. Caso o contribuinte não impugne administrativamente, a prescrição começa a contar a partir do término do prazo para impugnação.

As causas de interrupção (o prazo recomeça do início) da prescrição estão previstas no parágrafo único do art. 174, enquanto as causas de suspensão (o prazo recomeça de onde parou) estão previstas no art. 151 do CTN (depósito integral do débito, moratória etc.) e nos arts. 2º, §3º, e 40, da Lei nº 6.830, de 22 de setembro de 1980.

A Fazenda pública tem que inscrever o débito em dívida ativa antes de executá-lo judicialmente. Consoante a Lei de Execuções Fiscais, a inscrição suspende a prescrição por 180 dias. Caso a execução fiscal seja ajuizada antes desse prazo, a suspensão será por prazo menor (§3º do art. 2º da Lei nº 6.830/80).

Na ótica do fisco, como a CR/88 exige que a prescrição e a decadência sejam tratadas por lei complementar, o §3º do art. 2º da Lei nº 6.830/80, que era lei ordinária, passou a ter, com a promulgação da CR/88, porquanto por ela recepcionada, eficácia de lei complementar. Há, contudo, divergência doutrinária e jurisprudencial sobre o tema.

A Primeira Turma do Superior Tribunal de Justiça, por exemplo, repudia a aplicação do comando normativo do art. 2º, §3º, da LEF, no sentido de admitir-se a suspensão do prazo prescricional por 180 dias. Assim, deve prevalecer o disposto no bojo do art. 174 do CTN, como se pode verificar do teor dos julgados a seguir colacionados:

> Processual civil e tributário. Recurso especial. ITR. Execução fiscal. Parcelamento do débito. Prescrição. Suspensão. Inscrição em dívida ativa. Supremacia do CTN (art. 174) sobre a Lei de Execuções Fiscais (art. 2º, §3º). Lapso prescricional consumado.
>
> 1. Tratam os autos de embargos à execução fiscal ajuizados por Britanite S.A. Indústrias Químicas em desfavor do estado do Rio Grande do Sul sob o argumento de estar o crédito tributário fulminado pela prescrição. O juízo de primeiro grau, rejeitando a alegação de prescrição, julgou improcedente o pedido. O TJRS

manteve a sentença por entender que a inscrição em dívida ativa suspende o prazo prescricional por seis meses ou até a distribuição da execução fiscal, nos termos do art. 2º, §3º, da Lei 6.830/1980. Insistindo pela via especial, aduz a recorrente contrariedade do art. 174 do CTN, defendendo a supremacia do contido no CTN sobre a Lei de Execuções Fiscais, o que redundaria na consumação total da prescrição relativa aos débitos discutidos. Subsidiariamente, postula pela exclusão da taxa Selic.

2. Há de prevalecer o contido no art. 174 do Código Tributário Nacional (que dispõe como *dies a quo* da contagem do prazo prescricional para a ação executiva a data da constituição do crédito), sobre o teor preconizado pelo art. 2º, §3º, da Lei 6.830/1980 (que prevê hipótese de suspensão da prescrição por 180 dias no momento em que inscrito o crédito em dívida ativa).

3. O Código Tributário Nacional tem natureza de lei complementar, sendo hierarquicamente superior à Lei de Execuções Fiscais. Não pode, portanto, lei ordinária estabelecer prazo prescricional da execução fiscal previsto em lei complementar (REsp 151.598/DF, Rel. Min. Garcia Vieira, DJ 04.05.1998).

4. No caso dos autos, constituído o crédito tributário (lançamento) em 22-4-1996 e sendo o devedor citado apenas em 22-6-2001, tem-se como operada a prescrição dos créditos fazendários porque transcorrido tempo superior ao quinquídio legal (art. 174 do CTN). A inscrição da dívida ativa em 22-6-1996 não suspende o lustro prescricional.

5. Recurso especial provido para declarar prescrito o crédito em execução. Prejudicada a análise quanto à incidência da taxa Selic. Invertidos os ônus sucumbenciais.[86]

---

[86] STJ. Primeira Turma. REsp nº 931.571/RS. Rel. Min. José Delgado. j. 23.10.2007. *DJ*, 19 nov. 2007.

Execução fiscal. Suspensão. Art. 2º, §3º, da Lei nº 6.830/80. Prescrição. Aplicação. Art. 174 do CTN. Prevalência. Art. 97 da CF/88. Inocorrência de declaração de inconstitucionalidade.

I — A hipótese contida no artigo 2º, §3º, da Lei nº 6.830/80 não é passível de suspender o prazo prescricional, estando a sua aplicação sujeita aos limites impostos pelo artigo 174 do Código Tributário Nacional, norma hierarquicamente superior. Precedentes: AgRg no Ag nº 856.275/MG, Rel. Min. Denise Arruda, DJ de 18-6-07; REsp nº 611.536/AL, Rel. p/ Acórdão, Min. José Delgado, DJ de 14-5-07 e REsp nº 679.791/RS, Rel. Min. Teori Albino Zavascki, DJ de 9-10-06.

II — Inexistiu declaração de inconstitucionalidade de lei a ensejar a aplicação do art. 97 da CF, o qual cuida da reserva de plenário.

III — Agravo regimental improvido.[87]

Registre-se que, enquanto não for localizado o devedor ou encontrados bens sobre os quais possa recair a penhora, o juiz suspenderá de ofício o curso da execução, e nesses casos não correrá o prazo prescricional (art. 40 da LEF). Decorrido o prazo máximo de um ano sem que seja localizado o devedor ou encontrados bens penhoráveis, o juiz ordenará o arquivamento dos autos (§2º do mesmo artigo).

Caso sejam, a qualquer tempo, localizados o devedor ou os bens, os autos serão desarquivados para prosseguimento da execução (§3º). A expressão "a qualquer tempo", utilizada no dispositivo, significa que se suspende a execução por um ano e, quando voltar a correr, a Fazenda terá o prazo de cinco anos para cobrar. Essa tese está pacificada no STF.[88]

---

[87] STJ. Primeira Turma. AgRg no REsp nº 958.555/MG. Rel. Min. Francisco Falcão. j. 23.10.2007, *DJ*, 19 dez. 2007.
[88] STF. Primeira Turma. RE nº 106.217-7/SP. Rel. Min. Octavio Gallotti. j. 08.08.1986. *DJ*, 12 set. 1986.

Já no que diz respeito ao posicionamento do STJ sobre o tema, aquela colenda corte, por meio da Súmula nº 314, esposou o entendimento, no que se refere à mesma expressão "a qualquer tempo" contida no §3º do art. 40 da Lei nº 6.830/80, no sentido de que o processo somente poderá remanescer arquivado pelo prazo máximo de cinco anos: "em execução fiscal, não localizados bens penhoráveis, suspende-se o processo por um ano, findo o qual se inicia o prazo da prescrição quinquenal intercorrente".

Deve-se ressaltar que o art. 6º da Lei nº 11.051/04 acrescentou o §4º ao art. 40 da LEF, o qual estabelece que, após ouvida a Fazenda pública, o juiz poderá reconhecer a prescrição intercorrente de ofício e decretá-la de imediato, se da decisão que determinar o arquivamento dos autos tiver decorrido o prazo prescricional.

A prescrição intercorrente é a que ocorre no curso da ação. A jurisprudência majoritária diz que ocorre prescrição intercorrente na execução fiscal, desde que a inércia se dê por culpa da Fazenda.[89] No que tange à possibilidade do reconhecimento de ofício da prescrição, em seara de execução fiscal, sabe-se que o entendimento pretoriano no âmbito do STJ era no sentido de sua impossibilidade, mormente por tratarem tais feitos executivos de direitos de natureza patrimonial.

Ressalte-se que, ainda hoje, embora superada tal exegese, um ou outro julgado daquela corte superior ainda se filia a esse entendimento, como se pode verificar pelas ementas a seguir transcritas, que retratam decisões pretéritas e até recentes, contudo isoladas, do STJ:

---

[89] STF. Primeira Turma. RE nº 99.867-5/SP. Rel. Min. Néri da Silveira. j. 30.04.1984. *DJ*, 1 mar. 1985.

Processual civil e tributário. Execução fiscal. Prescrição. Reconhecimento de ofício. Violação do art. 535 do CPC. Inexistência.

1. Revela-se improcedente arguição de ofensa ao art. 535 do Código de Processo Civil quando o tribunal de origem tenha adotado fundamentação suficiente para decidir de modo integral a controvérsia, atentando-se aos pontos relevantes e necessários ao deslinde do litígio.

2. Antes do advento da Lei nº 11.051/2004, não era possível decretar de ofício a prescrição de créditos tributários.

3. Recurso especial provido.[90]

Processual civil. Execução fiscal. Prescrição. Crédito tributário. Declaração *ex-officio*. Impossibilidade.

1. Em se tratando de prescrição de créditos tributários, não é possível a sua decretação de ofício (art. 219, §5º, do CPC), segundo o entendimento pacificado da Primeira Seção do STJ.

2. Não se aplica *in casu* a Lei nº 11.280/2006, pois o débito executado é anterior ao seu advento. Recurso especial provido.[91]

Processo civil e tributário. Execução fiscal. Prescrição intercorrente. Decretação de ofício. Impossibilidade. Precedentes.

1. O STJ firmou o entendimento de que na execução fiscal a prescrição intercorrente não pode ser decretada de ofício.

2. A prescrição, quanto aos direitos patrimoniais, com ou sem citação, o que tem interesse para contagem do prazo, não pode ser decretada de ofício.

---

[90] STJ. Segunda Turma. REsp nº 613.460/PE. Rel. Min. João Otávio de Noronha. j. 19.10.2006. *DJ*, 7 dez. 2006.
[91] STJ. Segunda Turma. REsp nº 863.497/RS. Rel. Min. Humberto Martins. j. 03.10.2006. *DJ*, 30 out. 2006.

3. Acórdão reformado para ordenar que se prossiga com a execução, depois de intimado o executado.

4. Recurso especial provido.⁹²

Ocorre que, com as alterações normativas que recaíram em espaço de tempo bem próximo sobre dois diplomas diversos, quais sejam, a Lei nº 6.830/80 (LEF) e o Código de Processo Civil, o tema logrou nova abordagem no campo jurisprudencial, passando-se a admitir a possibilidade de decretação de ofício, pelo magistrado, da ocorrência da prescrição. Veja-se, por exemplo, o seguinte julgado:

> Tributário e processual civil. Recurso especial. IPTU. Notificação da constituição do crédito tributário. Entrega do carnê. Prescrição. Prazo. Termo inicial. Declaração de ofício. Viabilidade.
>
> 1. A jurisprudência do STJ firmou o entendimento segundo o qual a entrega do carnê do IPTU no endereço do contribuinte é meio juridicamente eficiente para notificar a constituição do correspondente crédito tributário.
>
> 2. Transcorridos mais de cinco anos entre a constituição do crédito tributário e a propositura da execução fiscal, configura-se a prescrição da pretensão à cobrança do tributo.
>
> 3. O §4º do art. 40 da Lei 6.830/80 disciplina hipótese específica de declaração de ofício de prescrição: é a prescrição intercorrente contra a Fazenda pública na execução fiscal arquivada com base no §2º do mesmo artigo, quando não localizado o devedor ou não encontrados bens penhoráveis. Nos demais

---

⁹² STJ. Segunda Turma. REsp nº 793.758/RS. Rel. Min. Eliana Calmon. j. 17.04.2007. DJ, 30 abr. 2007.

casos, a prescrição, a favor ou contra a Fazenda pública, pode ser decretada de ofício com base no art. 219, §5º, do CPC.

4. Não se conhece de recurso especial pela alínea *a* quando o dispositivo apontado como violado não contém comando capaz de infirmar o juízo formulado no acórdão recorrido. Incidência, por analogia, a orientação posta na Súmula 284/STF.

5. Recurso especial parcialmente conhecido e, nessa parte, desprovido.[93]

Admitida então pelo Superior Tribunal de Justiça tal atuação de ofício do julgador nos autos de execuções fiscais, outra questão veio à baila naquela corte, qual seja, se o reconhecimento *ex officio* da prescrição sem a oitiva da Fazenda pública configuraria ou não violação ao princípio do contraditório, na medida em que o §5º do art. 219 do CPC, com redação dada pela Lei nº 11.280/06, autoriza expressamente ao magistrado a assim pronunciar-se.

Nesse ponto o STJ se dividiu. A rigor, é possível deparar-se com julgados em sentidos diametralmente opostos. Uns pugnando pela necessidade de se realizar a oitiva da Fazenda pública, prestigiando assim a prevalência do art. 40, §4º, da LEF, como os precedentes que se seguem:

> Tributário. Processual civil. Execução fiscal. Prescrição intercorrente. Decretação de ofício. Direito patrimonial. Possibilidade, a partir da Lei 11.051/2004.
>
> 1. A jurisprudência do STJ sempre foi no sentido de que "o reconhecimento da prescrição nos processos executivos fiscais, por envolver direito patrimonial, não pode ser feito de ofício

---

[93] STJ. Primeira Turma. REsp nº 983.293/RJ. Rel. Min. Teori Albino Zavascki. j. 18.10.2007. *DJ*, 29 out. 2007.

pelo juiz, ante a vedação prevista no art. 219, §5º, do Código de Processo Civil" (REsp 655.174/PE, Segunda Turma, Rel. Min. Castro Meira, DJ de 9-5-2005).

2. Ocorre que o atual parágrafo 4º do art. 40 da LEF (Lei 6.830/80), acrescentado pela Lei 11.051, de 30-12-2004 (art. 6º), viabiliza a decretação da prescrição intercorrente por iniciativa judicial, com a única condição de ser previamente ouvida a Fazenda pública, permitindo-lhe arguir eventuais causas suspensivas ou interruptivas do prazo prescricional. Tratando-se de norma de natureza processual, tem aplicação imediata, alcançando inclusive os processos em curso, cabendo ao juiz da execução decidir a respeito da sua incidência à hipótese dos autos.

3. Recurso especial a que se dá parcial provimento, sem prejuízo da aplicação, por analogia, da legislação superveniente, uma vez cumprida a condição nela prevista.[94]

Direito tributário. Execução fiscal. Prescrição de ofício. Ausência de prévia oitiva da Fazenda pública. Impossibilidade. Art. 40, §4º, da LEF.

1. Diante do aparente conflito entre a norma contida no art. 2º, §3º, da Lei de Execuções Fiscais e o disposto no art. 174 do CTN, deve prevalecer o CTN, recepcionado pela Constituição Federal com *status* de lei complementar, norma de superior hierarquia.

2. Tratando-se de execução fiscal, somente a partir da Lei nº 11.051, de 29-12-2004, que acrescentou o §4º ao art. 40 da Lei nº 6.830/80, pode o juiz decretar de ofício a prescrição, desde que ouvida previamente a Fazenda pública.

3. Recurso especial provido.[95]

---

[94] STJ. Primeira Turma. REsp nº 926.871/PE. Rel. Min. Teori Albino Zavascki. j. 21.08.2007. DJ, 13 set. 2007.
[95] STJ. Segunda Turma. REsp nº 966.493/RS. Rel. Min. Castro Meira. j. 25.09.2007. DJ, 8 out. 2007. No mesmo sentido, STJ. Primeira Turma. REsp nº 716.719/RS. Rel.

De outra banda, privilegiando a aplicação *tout court* do comando insculpido no art. 219, §5º, do CPC, julgados do STJ ventilam a tese da desnecessidade da prévia oitiva do fisco para fins de reconhecimento do transcurso do prazo prescricional. Por exemplo:

> Processual civil e tributário. Recurso especial. Execução fiscal. Prescrição. Decretação de ofício. Art. 219, §5º, do CPC (redação da Lei nº 11.280/2006). Direito superveniente e intertemporal.
>
> 1. Tratam os autos de execução fiscal proposta pelo município de Porto Alegre para cobrança de débito tributário decorrente de IPTU. A exordial requereu: a) o chamamento do responsável tributário devidamente indicado na CDA anexa para pagar o valor dos créditos da Fazenda municipal. A sentença declarou a prescrição do crédito tributário e julgou extinto o feito nos termos do art. 269, IV, do Código de Processo Civil, uma vez que transcorridos mais de cinco anos entre a constituição do crédito e a citação válida do executado, que ocorreu em 29-1-2003. Interposta apelação pelo município, o tribunal *a quo* negou-lhe provimento por entender que: a) a prescrição no direito tributário pode ser decretada de ofício, porquanto extingue o próprio crédito (art. 156, V, do CTN); b) o direito positivo vigente determina tal possibilidade. Inteligência do art. 40, §4º, da LEF acrescentado pela Lei 11.051 de 29-12-2004. O município de Porto Alegre aponta como fundamento para o seu recurso que a prescrição não pode ser conhecida *ex officio*. Não foram ofertadas contra-razões.
>
> 2. Vinha entendendo, com base em inúmeros precedentes desta corte, pelo reconhecimento da possibilidade da decretação da prescrição intercorrente, mesmo que de ofício, visto que: — O

Min. Denise Arruda. j. 17.04.2007. *DJ*, 14 maio 2007; e STJ. Primeira Turma. REsp nº 911.637/SC. Rel. Min. Francisco Falcão. j. 10.04.2007. *DJ*, 30 abr. 2007.

art. 40 da Lei nº 6.830/80, nos termos em que admitido no ordenamento jurídico, não tem prevalência. A sua aplicação há de sofrer os limites impostos pelo art. 174 do CTN. — Repugnam os princípios informadores do nosso sistema tributário a prescrição indefinida. Assim, após o decurso de determinado tempo sem promoção da parte interessada, deve-se estabilizar o conflito, pela via da prescrição, impondo-se segurança jurídica aos litigantes. — Os casos de interrupção do prazo prescricional estão previstos no art. 174 do CTN, nele não incluídos os do artigo 40 da Lei nº 6.830/80. Há de ser sempre lembrado que o art. 174 do CTN tem natureza de lei complementar.

3. Empós, a Primeira Turma do STJ reconsiderou seu entendimento no sentido de que o nosso ordenamento jurídico material e formal não admite, em se tratando de direitos patrimoniais, a decretação, de ofício, da prescrição.

4. Correlatamente, o art. 40, §4º, da Lei nº 6.830/80 foi alterado pela Lei nº 11.051/04, passando a vigorar desta forma: "se da decisão que ordenar o arquivamento tiver decorrido o prazo prescricional, o juiz, depois de ouvida a Fazenda pública, poderá, de ofício, reconhecer a prescrição intercorrente e decretá-la de imediato".

5. Porém, com o advento da Lei nº 11.280, de 16-2-06, com vigência a partir de 17-5-06, o art. 219, §5º, do CPC, alterando, de modo incisivo e substancial, os comandos normativos supra, passou a viger com a seguinte redação: "o juiz pronunciará, de ofício, a prescrição".

6. *Id est*, para ser decretada a prescrição de ofício pelo juiz, basta que se verifique a sua ocorrência, não mais importando se refere-se a direitos patrimoniais ou não, e desprezando-se a oitiva da Fazenda pública. Concedeu-se ao magistrado, portanto, a possibilidade de, ao se deparar com o decurso do lapso temporal prescricional, declarar, *ipso fato*, a inexigibilidade do direito trazido à sua cognição.

7. Por ser matéria de ordem pública, a prescrição há ser decretada de imediato, mesmo que não tenha sido debatida nas instâncias ordinárias. *In casu*, tem-se direito superveniente que não se prende a direito substancial, devendo-se aplicar, imediatamente, a nova lei processual.

8. "Tratando-se de norma de natureza processual, tem aplicação mediata, alcançando inclusive os processos em curso, cabendo ao juiz da execução decidir a respeito da sua incidência, por analogia, à hipótese dos autos" (REsp nº 814696/RS, Primeira Turma, Rel. Min. Teori Albino Zavascki, DJ de 10-4-2006).

9. Execução fiscal paralisada há mais de cinco anos. Prescrição intercorrente declarada.

10. Recurso não provido.[96]

Recurso especial. Processo civil. Arts. 1º e 8º, §2º, da Lei 6.830/80 e 174, parágrafo único, I e IV, do CTN. Prequestionamento ausente. Súmulas 282 e 356/STF. Tributário. Execução fiscal. Prescrição. Decretação de ofício. Prévia intimação da Fazenda pública. Ausência. Possíveis causas de suspensão e interrupção apreciadas pelo tribunal *a quo* quando do julgamento da apelação. Nulidade. Suprida.

1. Ausente o necessário prequestionamento a respeito dos arts. 1º e 8º, §2º, da Lei 6.830/80 e 174, parágrafo único, I e IV, do CTN, não se conhece da alegada violação em face do óbice contido nas Súmulas 282 e 356 do Supremo Tribunal Federal.

2. A regra do §4º do art. 40 da Lei 6.830/80, por ser norma especial, aplicável às execuções fiscais, prevalece sobre o art. 219, §5º, do CPC.

---

[96] STJ. Primeira Turma. REsp nº 843.557/RS. Rel. Min. José Delgado. j. 07.11.2006. *DJ*, 20 nov. 2006.

3. Embora tenha sido extinto o processo em primeira instância sem a prévia oitiva da Fazenda pública quando da interposição do recurso de apelação, esta não suscitou a ocorrência de causa suspensiva ou interruptiva do prazo prescricional. Assim, não há que ser reconhecida a nulidade da decisão recorrida que decretou a extinção do feito.

4. A exigência da prévia oitiva do Fisco tem em mira dar-lhe a oportunidade de arguir eventuais óbices à decretação da prescrição. Havendo possibilidade de suscitar tais alegações nas razões da apelação, não deve ser reconhecida a nulidade da decisão recorrida sem que seja demonstrada a existência de óbice ao fluxo prescricional.

5. Recurso especial conhecido em parte e não provido.[97]

Fato é que no direito tributário pátrio as regras sobre prescrição e decadência devem estar fixadas em sede de lei complementar. Ademais, insta ressaltar que Santos Júnior (2001:296-297) entende inconstitucionais as regras do §3º do art. 2º, §2º do art. 8º, e art. 40, todos da Lei nº 6.830/80, já que essas normas criaram hipóteses de suspensão, interrupção e suspensão da fluência do prazo prescricional.

Prescrição na ação repetitória tributária: retrospectiva histórica e posicionamento atual do STJ

No direito tributário, ao contrário do que ocorre com os outros ramos do direito, há pouca discussão acerca da caracterização dos institutos da decadência e da prescrição.

---

[97] STJ. Segunda Turma. REsp nº 988.832/RJ. Rel. Min. Castro Meira. j. 27.11.2007. *DJ*, 10 dez. 2007.

De fato, o Código Civil de 1916 não fixou, de forma peremptória, os casos de prescrição e decadência; consequentemente, coube à doutrina e à jurisprudência a indicação científica da aplicação desses institutos no âmbito do direito civil. Em verdade, as indicações objetivas e codificadas desses institutos só vieram a ocorrer no âmbito do direito civil com a publicação do Código Civil de 2002.

Contudo, o Código Tributário Nacional fixou, desde 1966, de forma clara e precisa as hipóteses de prescrição, assim como as de decadência.

Em linhas gerais, é correto afirmar que no direito tributário, como vimos até aqui,

- a decadência corresponde ao prazo para a Fazenda constituir o crédito tributário, ou seja, é decadencial o prazo para a Fazenda realizar o lançamento do tributo;
- a prescrição, por sua vez, corresponde ao prazo para o contribuinte ajuizar a ação de repetição de indébito, assim como ao prazo para a Fazenda ajuizar a ação executiva fiscal, que, diga-se, pressupõe a existência do crédito tributário constituído.

Em suma, a decadência diz respeito ao prazo para a *Fazenda* lançar o tributo, e a prescrição cuida do prazo para o *contribuinte* receber a restituição/compensar valores pagos a maior e do prazo para a *Fazenda* ajuizar a ação de execução fiscal.

Não há muitos debates sobre a natureza dos prazos decadenciais e prescricionais no direito tributário, mas a grande celeuma que se instaura reside na forma da contagem desses prazos, ou melhor, do seu marco inicial.

No que tange ao prazo relativo ao direito do contribuinte de receber de volta o que pagou a maior, ou seja, o prazo prescricional para a ação repetitória ou para compensação dos créditos decorrentes do indébito tributário, tem-se que a gênese dos debates tangencia a interpretação do art. 168, I, do Código Tributário Nacional, que prescreve:

> O direito de pleitear a restituição extingue-se com o decurso do prazo de cinco anos, contados:
>
> I — nas hipótese dos incisos I e II do artigo 165, da data da extinção do crédito tributário;
>
> II — na hipótese do inciso III do artigo 165, da data em que se tornar definitiva a decisão administrativa ou passar em julgado a decisão judicial que tenha reformado, anulado, revogado ou rescindido a decisão condenatória.

O prazo é, portanto, quinquenal. É cediço na doutrina e na jurisprudência que o contribuinte tem cinco anos para pleitear a restituição dos valores pagos indevidamente, devendo ser analisada, principalmente nos tributos lançados por homologação, a data em que se iniciará a contagem do prazo.

A visão inicial do marco temporal da prescrição

Nas primeiras décadas de vigência do Código Tributário Nacional, a única interpretação conferida ao inciso I do art. 168 era que o prazo se iniciaria com o pagamento do tributo. Assim, independentemente da modalidade de lançamento do tributo, o pagamento caracterizava a extinção do crédito tributário, e, portanto, a consequência jurídica era o início da fluência do prazo prescricional.

Nessa esteira, é correto afirmar que nas duas primeiras décadas que sucederam a edição do CTN, não se questionava a data de início da contagem do prazo; tais questionamentos passaram a existir principalmente com a interpretação dada ao prazo decadencial nos tributos lançados por homologação, que, por via de consequência, acabaram por refletir na interpretação do prazo prescricional, conforme se demonstrará a seguir.

A chamada tese dos "cinco mais cinco"

Nos tributos lançados por homologação, ou seja, nos tributos em que cabe ao contribuinte a apuração do tributo devido com a ulterior homologação do sujeito ativo, houve substancial alteração no entendimento sobre a contagem do prazo prescricional.

Isso porque nos tributos lançados por homologação existem dois momentos de extinção do crédito tributário: a *extinção sob condição resolutória*, que ocorre com o pagamento antecipado do tributo; e a *extinção definitiva*, que ocorre com a homologação expressa ou tácita do sujeito ativo.

Assim, num primeiro momento, quando o contribuinte apura o *quantum* devido e recolhe esse valor aos cofres públicos, ocorre a extinção do crédito tributário sob condição resolutória, conforme disposto no art. 156 do CTN:

> Extinguem o crédito tributário: I — o pagamento; II — a compensação; III — a transação; IV — a remissão; V — a prescrição e a decadência; VI — a conversão de depósito em renda; VII — o pagamento antecipado e a homologação do lançamento nos termos do disposto no artigo 150 e seus §§1º e 4º.

Se considerarmos como termo inicial da contagem do prazo a extinção prevista no inciso VII do art. 156 do CTN, não haveria qualquer antinomia com a interpretação até então aplicada pelos contribuintes e pela administração pública.

Contudo, o entendimento pretoriano, em especial o do Superior Tribunal de Justiça, passou a considerar a homologação — ou seja, a extinção definitiva — como marco inicial da contagem do prazo prescricional que, por via de regra, ocorre depois de transcorridos cinco anos da ocorrência do fato gerador, conforme disposto no §4º do art. 150 do CTN:

> O lançamento por homologação, que ocorre quanto aos tributos cuja legislação atribua ao sujeito passivo o dever de antecipar o pagamento sem prévio exame da autoridade administrativa, opera-se pelo ato em que a referida autoridade, tomando conhecimento da atividade assim exercida pelo obrigado, expressamente a homologa.
>
> §1º O pagamento antecipado pelo obrigado nos termos deste artigo extingue o crédito, sob condição resolutória da ulterior homologação ao lançamento.
>
> §2º Não influem sobre a obrigação tributária quaisquer atos anteriores à homologação, praticados pelo sujeito passivo ou por terceiro, visando à extinção total ou parcial do crédito.
>
> §3º Os atos a que se refere o parágrafo anterior serão, porém, considerados na apuração do saldo porventura devido e, sendo o caso, na imposição de penalidade, ou sua graduação.
>
> §4º Se a lei não fixar prazo à homologação, será ele de cinco anos, a contar da ocorrência do fato gerador; expirado esse prazo sem que a Fazenda pública se tenha pronunciado, considera-se homologado o lançamento e definitivamente extinto o crédito, salvo se comprovada a ocorrência de dolo, fraude ou simulação.

Na prática, essa interpretação permite que o contribuinte ajuíze a ação repetitória até o décimo ano da ocorrência do fato gerador. Tal afirmativa respalda-se na sistemática dos tributos lançados por homologação, ou seja, em regra, o contribuinte pratica o fato gerador e antecipa o pagamento do tributo, inexistindo, na maioria dos casos, a homologação expressa da administração pública.

De fato, ocorre, na maioria dos casos, a denominada homologação tácita, ou seja, considera-se extinto o crédito tributário depois de transcorridos cinco anos da ocorrência do fato gerador sem que tenha havido qualquer manifestação da administração. Nessa linha de convicções, o prazo de cinco anos para o ajuizamento da ação repetitória começaria a contar após os cinco anos da ocorrência do fato gerador, o que, em verdade, representa 10 anos, conforme se verifica na seguinte representação:

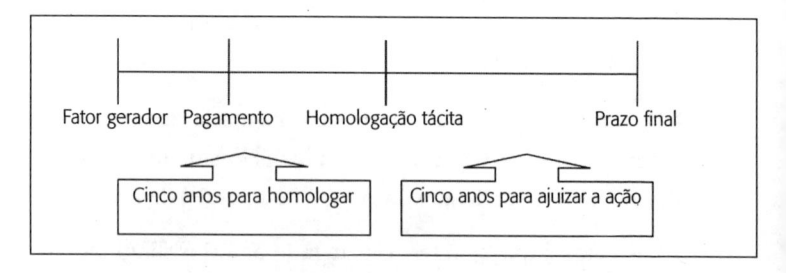

Fator gerador	Pagamento	Homologação tácita	Prazo final
	Cinco anos para homologar		Cinco anos para ajuizar a ação

A jurisprudência consagrou essa exegese como a tese dos "cinco mais cinco", pois os primeiros cinco anos referem-se ao prazo para homologação, que, portanto, tem natureza decadencial, ao passo que o prazo para o ajuizamento da ação tem natureza prescricional. Essa interpretação foi a mais aplicada nas últimas décadas. Contudo, conforme será apresentado adiante, tal entendimento sofreu inúmeras oscilações, sempre com a prevalência, ao final, da tese dos cinco mais cinco.

A declaração de inconstitucionalidade no sistema concentrado

O Superior Tribunal de Justiça aplicou, ainda, entendimento de que o prazo quinquenal se iniciaria, no controle concentrado de constitucionalidade, a partir da publicação da decisão proferida pelo Supremo Tribunal Federal declarando a inconstitucionalidade da exação. Por essa linha de pensamento, o prazo independe da extinção do crédito e, em contrapartida, se iniciaria a partir da retirada da presunção de constitucionalidade da lei, o que, como é sabido, ocorre após a decisão do Supremo Tribunal Federal.

De fato, sendo o tributo uma obrigação decorrente da lei, pois o pagamento do tributo ocorre não por vontade dos contribuintes, mas por expressa previsão legal, a declaração de inconstitucionalidade retiraria a legalidade da cobrança do tributo, e, por conseguinte, nasce para o contribuinte o direito de pleitear os valores pagos indevidamente.

Para essa corrente, a declaração de inconstitucionalidade é o marco inicial do prazo prescricional. Cabe lembrar que, mesmo dentro desse entendimento, podem ser extraídos dois marcos temporais. O primeiro deles considera que o prazo inicia-se a partir da publicação da decisão que julgou inconstitucional o tributo. Sob outro prisma, há quem entenda que o prazo se inicia com o trânsito em julgado dessa decisão.

Por quaisquer das possibilidades aventadas, parece que essa tese não se sustenta após uma análise mais aprofundada, pois conceder prazo a partir da declaração de inconstitucionalidade geraria imensa insegurança jurídica, além de desafiar a justificativa da existência do próprio instituto da prescrição.

Por certo, a prescrição é necessária para estabilizar as relações jurídicas; portanto, cabe ao ordenamento jurídico fixar de forma clara esses prazos, tudo em prestígio ao princípio da segurança jurídica.

É possível imaginar o impacto financeiro que poderia advir para os cofres públicos caso um determinado tributo, por exemplo, demorasse 15 anos para ser declarado inconstitucional, e, após essa decisão, fosse legítimo para todos os contribuintes pleitear a devolução desses valores.

Ora, provavelmente não haveria numerário suficiente para que o Estado pudesse pagar 15 anos de tributos recolhidos pelos contribuintes, levando, muito provavelmente, ao não ressarcimento. Acrescente-se a isso o fato de que o Código Tributário Nacional expressamente prevê que o prazo se iniciará com a extinção do crédito tributário, sendo essa interpretação, portanto, claramente contrária à lei.

Da declaração de inconstitucionalidade no sistema difuso

Em razão da interpretação conferida pelo Superior Tribunal de Justiça ao prazo prescricional nas declarações de inconstitucionalidade decorrentes do controle concentrado, começou-se a discutir a aplicação, pelas mesmas razões jurídicas, do marco inicial nas declarações de inconstitucionalidade proferidas pelo Supremo Tribunal Federal no sistema difuso, ou seja, por meio de recursos extraordinários.

Como é cediço, quando o Supremo Tribunal Federal declara a inconstitucionalidade de um tributo por meio de ação direta de inconstitucionalidade, tal decisão atinge a todos, ou seja, todos estão sujeitos aos efeitos dessa decisão.

Contudo, no controle difuso, a decisão proferida pelo pretório excelso só será válida para as partes que configuram a relação jurídica processual, não podendo, dessa forma, ser aproveitada diretamente por outros contribuintes que não tenham participado do processo, servindo, certamente, apenas como um precedente jurisprudencial.

Para que a decisão proferida no controle difuso possa ser oponível a terceiros é necessário que o Supremo Tribunal Federal comunique ao Senado Federal a sua decisão e que o Senado entenda e decida por suspender a norma por meio de resolução.

Assim sendo, o Superior Tribunal de Justiça, traçando um paralelo com o entendimento relativo ao controle concentrado, passou, por alguns meses, a defender que o prazo prescricional, quando os tributos fossem declarados inconstitucionais por controle difuso, contaria a partir da publicação da resolução do Senado suspendendo a norma declarada inconstitucional.

Contudo, a suspensão da eficácia da norma declarada inconstitucional pelo Supremo Tribunal Federal não é de aplicação compulsória pelo Senado Federal, eis que os poderes Legislativo e Judiciário são, perante a carta maior, poderes independentes e harmônicos, de acordo com o art. 2º da própria CR/88.

Destacamos, nesse sentido, o entendimento de Siqueira Castro (2001:41), para quem a competência do Senado Federal para a suspensão da lei declarada inconstitucional em sede difusa não se vincula à decisão do Supremo Tribunal Federal:

> Releva assinalar, nesse específico campo de questões, a imprevidência do legislador constituinte de 1988, que não albergou o efeito vinculante recomendável e atribuível, desde logo, aos acórdãos do tribunal de cúpula da justiça brasileira, quando proclamatórios da inconstitucionalidade ou da constitucionalidade das leis em sede de recurso ordinário ou extraordinário, ou seja, no exercício da jurisdição constitucional difusa. Tivéssemos adotado o regime se *stare dicisis* para os arestos de tal natureza prolatados pela Suprema Corte, não se teria de aguardar a sempre demorada e *incerta* suspensão, pelo Senado Federal, da executoriedade das normas declaradas incondizentes com a Constituição no exercício de sua competência recursal, segundo o disposto no art. 52, X, da Constituição Federal, em conjugação com o art. 178 do Regimento Interno do Supremo Tribunal Federal. A ser assim, tal como se passa na via chamada ação direta, em âmbito de controle dito concentra-

do da validade constitucional das leis, o julgado proferido em recurso ordinário ou extraordinário seria, por si só, doravante, um paradigma a ser seguido em todas as relações litigiosas em tramitação na justiça de todo o país que envolvessem, direta ou indiretamente, o mesmo questionamento de índole constitucional antes enfrentado pelo magno pretório. Bem por isso, e dado o imediatismo do alcance regrador e paradigmático das decisões de mérito proclamadas em sede das ações diretas, ou seja, no âmbito do controle centralizado da supremacia da Constituição, essa técnica de *judicial review* sobressai como mecanismo de controle de constitucionalidade das leis de mais pronta eficácia e de universal abrangência. A ação direta ostenta, assim, em comparação com o controle pela via do sistema de recursos deferido à competência do Supremo Tribunal Federal (ordinário ou extraordinário), a vantagem de perseguir desde logo, *principaliter tantum* e com eficácia *erga omnes*, a declaração de insubsistência do dispositivo infrator das normas e princípios sublimados na Constituição, como anotado por muitos doutrinadores da matéria.

Não é outra a posição pacificada pelo Supremo Tribunal Federal, como decidido pelo Plenário na ADI nº 91/SE,[98] da qual se extrai o seguinte trecho:

> Por outro lado, o Supremo Tribunal Federal, em processo objetivo, como é o da ação direta de inconstitucionalidade, que impugna dispositivo de uma lei, em tese, não pode reconhecer, incidentalmente, a inconstitucionalidade de outra lei, que nem está sendo impugnada. Até porque a declaração incidental só é possível no controle difuso de constitucionalidade, com eficácia

---

[98] STF. Pleno. ADI nº 91/SE. Rel. Min. Sydney Sanches. j. 21.09.1995. *DJ*, 23 mar. 2001.

inter partes, sujeita, ainda, à deliberação do Senado no sentido de suspensão definitiva da vigência do diploma, ou seja, para alcançar eficácia *erga omnes*.

No mesmo sentido decidiu o pretório excelso na Representação de Inconstitucionalidade nº 1.012/SP:[99]

> Para a defesa de relações jurídicas concretas em face de leis ordinárias em desconformidade com as constituições vigentes na época em que aquelas entraram em vigor, há a declaração de inconstitucionalidade *incidenter tantum*, que só passa em julgado para as partes em litígio (consequência estritamente jurídica), e que só tem eficácia *erga omnes* se o Senado Federal houver por bem (decisão de conveniência política) suspendê-la no todo ou em parte. Já o mesmo não ocorre com referência à declaração de inconstitucionalidade contida em representação, a qual passa em julgado *erga omnes*, com reflexos sobre o passado (a nulidade opera *ex tunc*), independentemente da atuação do Senado, por se tratar de decisão cuja conveniência política do processo de seu desencadeamento se faz *a priori*, e que se impõe, quaisquer que sejam as consequências para as relações jurídicas concretas, pelo interesse superior da preservação do respeito à Constituição que preside a ordem jurídica vigente.

Assim, na prática, o Superior Tribunal de Justiça tornou imprescritível a ação repetitória, haja vista que apenas em caráter excepcional o Senado Federal suspende a eficácia das normas declaradas inconstitucionais pelo STF.

Essa interpretação permitiria, por exemplo, que um tributo declarado inconstitucional em 1964, e que até a presente data não houvesse sido suspenso pelo Senado Federal, pudesse ser

---

[99] STF. Pleno. Rp nº 1.012/SP. Rel. Min. Moreira Alves. j. 27.09.1979. *DJ*, 5 nov. 1979.

devolvido ao contribuinte no ano de 2007, ferindo, a toda evidência, as razões jurídicas que impõem a existência do prazo prescricional.

Ora, se até mesmo o cometimento de um homicídio, que atinge o bem jurídico mais caro ao nosso ordenamento, está submetido ao prazo prescricional, a devolução de tributos certamente também se submeterá ao regime prescricional. Por essa razão, meses após a aplicação desse entendimento, o próprio Superior Tribunal de Justiça deixou de adotá-lo, passando a prestigiar novamente a tese dos "cinco mais cinco".

Para ilustrar os entendimentos jurisprudenciais antes alinhavados, cabe a transcrição de parte da ementa do Agravo Regimental em Recurso Especial nº 753.469, *verbis*:

> Tributário. Ação de repetição de indébito. Prescrição. Termo inicial. Tese dos cinco mais cinco. Lei Complementar 118, de 9 de fevereiro de 2005. Jurisprudência da Primeira Seção. Taxa Selic. Correção monetária. Compensação. 1. A Primeira Seção reconsolidou a jurisprudência desta corte acerca da cognominada tese dos cinco mais cinco para a definição do termo *a quo* do prazo prescricional das ações de repetição/compensação de valores indevidamente recolhidos a título de tributo sujeito a lançamento por homologação, desde que ajuizadas até 9 de junho de 2005 (EREsp 327.043/DF, relator ministro João Otávio de Noronha, julgado em 27-4-2005). 2. Deveras, acerca da aplicação da Lei Complementar nº 118/2005, restou assente que: Processual civil e tributário. Ação de repetição de indébito. Prescrição. LC 118/2005. Lei interpretativa. Retroatividade. 1. Assentando os estágios do pensamento jurídico das turmas de direito público, é possível sintetizar que, superadas as matérias divergentes entre colegiados com a mesma competência *ratione materiae* e a natureza dialética da ciência jurídica, a Primeira Seção desta corte passou a concluir que: a) nas ações em que se questiona

a devolução (repetição ou compensação) de tributos lançados por homologação não declarados inconstitucionais pelo STF, aplica-se a tese dos "cinco mais cinco", vale dizer, cinco anos de prazo decadencial para consolidar o crédito tributário a partir da homologação expressa ou tácita do lançamento e cinco anos de prazo prescricional para o exercício da ação; b) nas ações em que se questiona a devolução (repetição ou compensação) de tributos lançados por homologação declarados inconstitucionais pelo STF, o termo *a quo* da prescrição era: 1) a data da publicação da resolução do Senado Federal nas hipóteses de controle difuso de constitucionalidade (EREsp 423.994/MG); e 2) a data do trânsito em julgado da decisão do STF que, em controle concentrado, concluiu pela inconstitucionalidade do tributo (REsp 329.444/DF). 2. Mister destacar que essa corrente jurisprudencial fundou-se em notável sentimento ético-fiscal considerando o contribuinte que, fincado na presunção de legalidade e legitimidade das normas tributárias, adimplira a exação e surpreendido com a declaração de inconstitucionalidade difusa entrevia a justa oportunidade de se ressarcir daquilo que pagara de boa-fé. Ressoava injusto impor-lhe a prescrição da data do pagamento que fizera, baseado na atuação indene do legislador. 3. Evoluindo em face de sua mutação ideológica, posto alterada *in personae* na sua composição, a seção de direito público, no último período ânuo, uniformizou essa questão do tempo nas relações tributárias, firmando o entendimento de que: Processual civil e tributário. Ação de repetição de indébito. Tributo sujeito a lançamento por homologação. Prescrição. Termo inicial. 1. Versando a lide tributo sujeito a lançamento por homologação, a prescrição da ação de repetição/compensação de valores indevidamente recolhidos deve obedecer o lapso prescricional de cinco anos contados do término do prazo para aquela atividade vinculada, a qual, sendo tácita, também se opera num quinquênio. 2. O E. STJ reafirmou a cognominada tese dos cinco mais cinco para a definição do termo *a quo* do prazo prescricional, nas causas *in foco*, pela sua Primeira Seção no julgamento do EREsp nº 435.835/SC, restando irrelevante para o estabelecimento do termo inicial da prescrição da ação de repetição e/ou compensação, a eventual declaração de inconstitucionalidade do tributo pelo E. STF. 3. Consequentemente, o prazo prescricional para a repetição ou compensação dos tributos sujeitos a lançamento por homologação começa a fluir decorridos cinco anos, contados a partir da ocorrência do fato gerador, acrescidos de mais um quinquênio computado desde o termo final do prazo atribuído ao Fisco para verificar o *quantum* devido a título de tributo. 4. Agravo regimental a que se nega provimento (AgRg REsp 638.248/PR, Primeira Turma, desta relatoria, DJU de 28-2-2005).[100]

Conclui-se, portanto, que a jurisprudência havia, mesmo com certas oscilações, adotado o critério da homologação tácita como marco inicial do prazo prescricional.

O contexto histórico da introdução da Lei Complementar nº 118/05

A Lei Complementar nº 118/05 foi introduzida em nosso ordenamento com o objetivo primordial de adequar o Código Tributário Nacional às novas regras para a recuperação judicial das empresas. Havia, por certo, um clamor da comunidade empresária e da sociedade em geral para que as regras tributárias não impedissem a recuperação das empresas.

Nesse contexto, é fácil depreender que havia grande interesse das casas legislativas na modificação do Código Tributário

---

[100] STJ. Primeira Turma. AgRg no REsp nº 753.469/SP. Rel. Min. Luiz Fux. j. 09.03.2006. *DJ*, 27 mar. 2006.

Nacional. A Lei Complementar nº 118/05, contudo, não se resumiu a esse papel, trazendo no seu bojo a interpretação do art. 168, I, do Código Tributário Nacional.

Na justificativa apresentada no projeto de lei complementar que a originou, há expressa menção à necessidade da elaboração da lei interpretativa para "dar maior agilidade à recuperação judicial do crédito tributário". Veja-se o trecho do PLP nº 72/2003:

> De outra parte, adota o projeto soluções de interpretação autêntica — segundo autoriza o art. 106, I, do Código Tributário Nacional —, de modo a resolver controvérsias jurídicas ainda pendentes de resolução satisfatória. Tais medidas visam dar maior agilidade à recuperação judicial do crédito tributário e impor limites a interpretações exageradas quanto ao prazo para proposição de ações judiciais de repetição de indébito.

Com efeito, a norma interpretativa não parece ter qualquer relevância no processo de recuperação de empresas. É possível imaginar, pelo histórico jurisprudencial apresentado, que a administração vislumbrou uma boa oportunidade de modificar a interpretação, desfavorável a ela, até então aplicável pelo Poder Judiciário. Assim sendo, deve-se analisar com cautela tal dispositivo normativo.

A Lei Complementar nº 118/05 e o entendimento do Superior Tribunal de Justiça

O Superior Tribunal de Justiça vedou a aplicação retroativa do art. 3º da Lei Complementar nº 118/05. Entendeu esse tribunal que a lei não era verdadeiramente interpretativa, pois conflitava com o entendimento solidificado pelo próprio STJ, ferindo, por conseguinte, o princípio da independência dos poderes, assim como o direito adquirido:

Tributário. Repetição de indébito. Dissídio jurisprudencial. Prescrição. Nova orientação firmada pela 1ª Seção do STJ na apreciação do EREsp 435.835/SC. LC 118/2005: Natureza modificativa (e não simplesmente interpretativa) do seu artigo 3º. Inconstitucionalidade do seu art. 4º, na parte que determina a aplicação retroativa. Entendimento consignado no voto do EREsp 327.043/DF.

1. A divergência jurisprudencial ensejadora do conhecimento do recurso especial pela alínea *c* deve ser devidamente demonstrada, conforme as exigências dos arts. 541, parágrafo único, do CPC e 255 do RISTJ.

2. A 1ª Seção do STJ, no julgamento do EREsp 435.835/SC, rel. p/ o acórdão min. José Delgado, sessão de 24-3-2004, consagrou o entendimento segundo o qual o prazo prescricional para pleitear a restituição de tributos sujeitos a lançamento por homologação é de cinco anos, contados da data da homologação do lançamento, que, se for tácita, ocorre após cinco anos da realização do fato gerador — sendo irrelevante, para fins de cômputo do prazo prescricional, a causa do indébito. Adota-se o entendimento firmado pela seção, com ressalva do ponto de vista pessoal, no sentido da subordinação do termo *a quo* do prazo ao universal princípio da *actio nata* (voto-vista proferido nos autos do EREsp 423.994/SC, 1ª Seção, min. Peçanha Martins, sessão de 8-10-2003).

3. O art. 3º da LC 118/2005, a pretexto de interpretar os arts. 150, §1º, 160, I, do CTN, conferiu-lhes, na verdade, um sentido e um alcance diferente daquele dado pelo Judiciário. Ainda que defensável a "interpretação" dada, não há como negar que a lei inovou no plano normativo, pois retirou das disposições interpretadas um dos seus sentidos possíveis, justamente aquele tido como correto pelo STJ, intérprete e guardião da legislação federal. Portanto, o art. 3º da LC 118/2005 só pode

ter eficácia prospectiva, incidindo apenas sobre situações que venham a ocorrer a partir da sua vigência.

4. O artigo 4º, segunda parte, da LC 118/2005, que determina a aplicação retroativa do seu art. 3º, para alcançar inclusive fatos passados, ofende o princípio constitucional da autonomia e independência dos poderes (CF, art. 2º) e o da garantia do direito adquirido, do ato jurídico perfeito e da coisa julgada (CF, art. 5º, XXXVI). Ressalva, no particular, do ponto de vista pessoal do relator, no sentido de que cumpre ao órgão fracionário do STJ suscitar o incidente de inconstitucionalidade perante a corte especial, nos termos do art. 97 da CF. 5. Recurso especial a que se dá provimento.[101]

Dessa forma, a lei nova só atingirá as ações ajuizadas após a sua vigência, ou seja, 9 de junho de 2005. Ainda no que concerne aos argumentos debatidos pelo Superior Tribunal de Justiça, devem ser destacados os apontamentos feitos pelo ministro Luiz Fux em acórdão, já aqui citado, que destaca, inclusive, a doutrina alienígena:

> 5. Muito embora a lei o faça expressamente, a doutrina clássica do tema assentou a contemporaneidade da lei interpretativa à lei interpretada, aplicando-se-lhe aos fatos pretéritos. Aspecto de relevo que assoma é a verificação sobre ser a novel lei, na parte que nos interessa, efetivamente interpretativa. 6. Sob esse ângulo, é cediço que lei, para ser considerada interpretativa, deve assim declarar-se e não criar direito novo, sem prejuízo de assim mesmo ter seu caráter interpretativo questionado. Nesse sentido extrai-se da doutrina do tema que: "denominam-se leis

---

[101] STJ. Primeira Turma. REsp nº 692.888. Rel. Min. Teori Albino Zavascki. j. 26.04.2005. DJ, 9 maio 2005.

interpretativas as que têm por objeto determinar, em caso de dúvida, o sentido das leis existentes, sem introduzir disposições novas". Nota: A questão da caracterização da lei interpretativa tem sido objeto de não pequenas divergências, na doutrina. Há a corrente que exige uma declaração expressa do próprio legislador (ou do órgão de que emana a norma interpretativa), afirmando ter a lei (ou a norma jurídica, que não se apresente como lei) caráter interpretativo. Tal é o entendimento da Affolter (*Das intertemporale Recht*, vol. 22, *System des deutschen burgerlichen Uebergangsrechts*, 1903, pág. 185), julgando necessária uma Auslegungsklausel, ao qual Gabba, que cita, nesse sentido, decisão de tribunal de Parma (...). Compreensão também de Vescovi (*Intorno alla misura dello stipendio dovuto alle maestre insegnanti nelle scuole elementari maschili, in Giurisprudenza italiana*, 1904, I, I, cols. 1.191, 1.204) e a que adere Duguit, para quem nunca se deve presumir ter a lei caráter interpretativo: "os tribunais não podem reconhecer esse caráter a uma disposição legal, senão nos casos em que o legislador lho atribua expressamente" (*Traité de droit constitutionnel*, 3 ed., v. 2, 1928, p. 280). Com o mesmo ponto de vista, o jurista pátrio Paulo de Lacerda concede, entretanto, que seria "exagero exigir que a declaração seja inserida no corpo da própria lei, não vendo motivo para desprezá-la se lançada no preâmbulo, ou feita noutra lei" (Eduardo Espinola e Eduardo Espinola Filho in *A Lei de Introdução ao Código Civil Brasileiro*, v. 1, 3 ed., p. 294 a 296). 7. "Encarada a questão, do ponto de vista da lei interpretativa por determinação legal, outra indagação que se apresenta é saber se, manifestada a explícita declaração do legislador, dando caráter interpretativo à lei, esta se deve reputar, por isso, interpretativa, sem possibilidade de análise, por ver se reúne requisitos intrínsecos, autorizando uma tal consideração". Sob essa ótica Savigny coloca a questão nos seus precisos termos, ensinando: "trata-se unicamente de saber se o legislador fez ou quis fazer uma lei interpretativa, e não se, na opinião do juiz, essa interpretação está conforme com a verdade" (*System des heutigen romischen Rechts*, v. 8, 1849, p. 513). Mas, não é possível dar coerência a coisas que são de si incoerentes, não se consegue conciliar o que é inconciliável. E, desde que a chamada interpretação autêntica é realmente incompatível com o conceito, com os requisitos da verdadeira interpretação (...), não admira que se procurem torcer as consequências inevitáveis, fatais de tese forçada, evitando-se-lhes os perigos. Compreende-se, pois, que muitos autores não aceitem o rigor dos efeitos da imprópria interpretação. Há quem, como Gabba (*Teoria delta retroattività delle leggi*, 3 ed., v. 1, 1891, p. 29), que invoca Mailher de Chassat (*Traité de la rétroactivité des lois*, v. 1, 1845, p. 131 e 154), sendo seguido por Landucci (*Trattato storico-teorico-pratico di diritto civile francese ed italiano, versione ampliata del Corso di diritto civile francese, secondo il metodo dello Zachariæ, di Aubry e Rau*, v. 1 e único, 1900, p. 675) e Degni (*L'interpretazione della legge*, 2 ed., 1909, p. 101), entenda que é de distinguir quando uma lei é declarada interpretativa, mas encerra, ao lado de artigos que apenas esclarecem, outros introduzindo novidade, ou modificando dispositivos da lei interpretada. Paulo de Lacerda (loc. cit.) reconhece ao juiz competência para verificar se a lei é, na verdade, interpretativa, mas somente quando ela própria afirme que o é. Landucci (nota 7 à pág. 674 do vol. cit.) é de prudência manifesta: "se o legislador declarou interpretativa uma lei, deve-se, certo, negar tal caráter somente em casos extremos, quando seja absurdo ligá-la com a lei interpretada, quando nem mesmo se possa considerar a mais errada interpretação imaginável. A lei interpretativa, pois, permanece tal, ainda que errônea, mas, se de modo insuperável, que suplante a mais aguda conciliação, contrastar com a lei interpretada, desmente a própria declaração legislativa". Ademais, a doutrina do tema é pacífica no sentido de que: "pouco importa que o legislador, para cobrir o atentado ao direito, que comete, dê à sua lei o caráter interpretativo. É um ato de hipocrisia, que não pode cobrir uma violação flagrante do direito" (*Traité de droit constitutionnel*, 3 ed., v. 2, 1928, p. 274-275). 8. Forçoso concluir que a lei interpretativa, para assim ser considerada, não pode "encerrar qualquer inovação; essa opinião corresponde à fórmula corrente" e deve obedecer aos seguintes requisitos: "a) não deve a lei interpretativa introduzir novidade, mas dizer somente o que pode reconhecer-se virtualmente compreendido na lei precedente; b) não deve modificar o disposto na lei precedente, mas explicar, declarar aquilo que, de modo mais ou menos imperfeito, já se continha na lei preexistente (acórdão de 12 de abril de 1900, in *Foro italiano*, 1900, I, p. 978)". (...). 9. Deveras, em sendo interpretativa, põe-se a questão de sua aplicação imediata ou retroativa, porquanto o CTN, no art. 106, é cristalino ao admitir a sua incidência aos fatos geradores pretéritos, ressalvados os consectários punitivos por eventual infração ao dispositivo ora aclarado e que está em pleno vigor, posto jamais declarado inconstitucional. É cediço que essa retroatividade é apenas aparente. "A doutrina francesa, seguindo a opinião tradicional, entende não constituir direito novo a lei interpretativa, pois se limita a declarar, a precisar a lei que preexiste, tornando-a mais clara e de mais fácil aplicação; não é, assim, uma lei nova, que possa entrar em conflito com a interpretada, confunde-se, ao invés, com esta, faz corpo com ela. E os autores italianos não dissentem dessa opinião, que tem repercussão internacional. Como nos ilustrou a relação da legislação comparada, códigos há, como o austríaco (art. 8º), que ligam uma importância considerável à interpretação da lei pelo próprio legislador; outros, como o argentino (art. 4º), apenas ressalvaram a não incidência dos casos julgados, sob os efeitos das leis, que têm por objeto esclarecer ou interpretar anteriores; o que também resulta do art. 9º, 2ª al., do código chileno, dando as leis, que se limitam a declarar o sentido de outras, como incorporadas a estas, sem afetarem os efeitos das sentenças judiciais, executórias no período intermédio; o português proclama (art. 8º) a aplicação retroativa da lei interpretativa, reduzindo-a, porém, a nada a ressalva de não ofender direitos adquiridos." "Em nosso direito positivo, aliás harmonicamente com a boa doutrina sustentada desde o tempo do Império, e com os ensinamentos dos autores, que analisam sistemas semelhantes ao pátrio, o alcance da questão ainda diminui, eis que a lei, seja embora rotulada como interpretativa, ou assim reconhecida, nunca terá, só por isso, a virtude de retroagir, em detrimento de situações jurídicas definitivamente constituídas" (ob. cit., p. 294 a 296).

Assim, é correto afirmar que o Superior Tribunal de Justiça afastou, logo nos primeiros meses de vigência da lei, a aplicação retroativa do art. 3º da referida Lei Complementar nº 118/05.

Da arguição de inconstitucionalidade pelo Superior Tribunal de Justiça e o problema do direito transitório

Com efeito, o STJ, no julgamento do AI nos embargos de divergência em REsp nº 644.736,[102] acolheu por unanimidade a arguição de inconstitucionalidade da segunda parte do art. 4º da Lei Complementar nº 118/05, ou seja, concluiu o tribunal pela inconstitucionalidade da aplicação retroativa da nova interpretação do inciso I do art. 168 do CTN, uma vez que tal interpretação, conforme amplamente demonstrado, tem natureza modificativa.

---

[102] STJ. Corte Especial. AI nos EREsp nº 644.736/PE. Rel. Min. Teori Albino Zavascki. j. 06.06.2007. *DJ*, 27 ago. 2007.

De fato, o acórdão em referência tem extrema relevância no cenário jurídico, pois acolhe a arguição de inconstitucionalidade da segunda parte do art. 4º da Lei Complementar nº 118/05; confere como marco da aplicação da nova lei não a data do ajuizamento da ação, mas sim o pagamento realizado pelo contribuinte; e aponta a possibilidade de se aplicarem regras de direito transitório, como, por exemplo, o art. 2.028 do Código Civil.

No que concerne ao marco para aplicação da nova lei, restou claro no acórdão que a data do pagamento determinará o regime jurídico a ser aplicado. Eis o trecho do voto que esclarece essa afirmativa:

> Assim, na hipótese em exame, com o advento da LC 118/05, a prescrição, do ponto de vista prático, deve ser contada da seguinte forma: relativamente aos pagamentos efetuados a partir da sua vigência (que ocorreu dia 9-6-05), o prazo para a ação de repetição do indébito é de cinco anos a contar da data do pagamento; e relativamente aos pagamentos anteriores, a prescrição obedece ao regime previsto no sistema anterior, limitada, porém, ao prazo máximo de cinco anos a contar da vigência da lei nova.[103]

Dessa forma, uma ação ajuizada após 9 de junho de 2005 e que apresente como objeto o indébito de valores pagos antes da vigência da lei poderá ser regida pelo regime prescricional conhecido como tese dos "cinco mais cinco".

Para elucidar esse entendimento, veja-se o seguinte exemplo:

- fato gerador: 15.4.1999;
- data do pagamento: 1.5.1999 (regime anterior à LC nº 118/05);
- ajuizamento da ação repetitória: 15.6.2005.

---

[103] Idem nota 102.

Se adotarmos o entendimento de que a lei aplicável é aquela vigente à *data da propositura da ação*, ou seja, 15 de junho de 2005, a ação já prescreveu, pois o contribuinte teria apenas cinco anos, contados do pagamento (1º de maio de 2004) para ajuizar a demanda.

Contudo, se o regime aplicável for determinado pela *data do pagamento*, a ação não estaria prescrita, pois o contribuinte teria até 15 de abril 2009 para provocar a tutela jurisdicional. Veja-se o seguinte esquema:

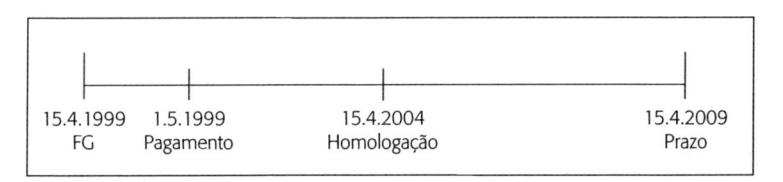

15.4.1999	1.5.1999	15.4.2004	15.4.2009
FG	Pagamento	Homologação	Prazo

Impende observar que a aplicação dessa tese jamais poderá validar o ajuizamento de qualquer ação após 9 de junho de 2010, eis que a aplicação do antigo regime está limitada ao prazo máximo de cinco anos contados da vigência da lei nova (9 de junho de 2005), a exemplo da interpretação dada à diminuição do prazo para o ajuizamento da ação rescisória.

Sob outro prisma, foi aventada a hipótese de, no futuro, ser aplicada a regra de direito intertemporal prevista no art. 2.028 do Código Civil, que dispõe: "serão os da lei anterior os prazos, quando reduzidos por este Código, e se, na data de sua entrada em vigor, já houver transcorrido mais da metade do tempo estabelecido na lei revogada".

Percebe-se que o tribunal não aplicou esse entendimento, mas trouxe à reflexão a sua potencial aplicabilidade, como reforça o voto do ministro Carlos Alberto Menenezes Direito:

> Por outro lado, no tocante à contagem do prazo prescricional, diante da observação feita pelo senhor ministro Ari Pargendler,

tenho a sensação de que deveremos, no futuro, considerar também o que dispõe o art. 2.028 do Código Civil, que traz uma regra expressa sobre o cálculo dos prazos prescricionais; e essa interpretação já está sendo dada pelas turmas de direito privado, e em algum momento será indispensável que a corte especial uniformize essa jurisprudência, mesmo porque a disciplina do art. 2.028 do Código Civil enseja uma interpretação que pode alcançar resultado diverso daquela interpretação clássica que foi dada pelo Supremo Tribunal Federal, agora repetida pelo senhor ministro Teori Albino Zavascki. Portanto, faço apenas a ressalva quanto ao exame futuro da aplicação do prazo de prescrição, considerando a interpretação que venha a ser dada ao art. 2.028.[104]

Como se verifica, o objetivo primordial da Lei Complementar nº 118/05, qual seja, a pacificação do entendimento relacionado à interpretação do prazo prescricional das ações repetitórias em matéria tributária, está longe de ser alcançado, mas, sem dúvida, a interpretação que deverá prevalecer ao final deverá ser aquela que prestigie o princípio da segurança jurídica.

Conversão em renda

Trata-se de hipótese de extinção do crédito tributário prevista no inciso VI do art. 156 do CTN: a conversão em renda ocorre quando a controvérsia é resolvida a favor da Fazenda pública. Nesse caso, o juiz determinará, após a ocorrência da coisa julgada material e formal, a conversão do depósito em renda, extinguindo o crédito tributário.

---

[104] Idem nota 102.

O depósito obsta a aplicação de juros e a imposição de penalidades. Caso o sujeito passivo ganhe a demanda, reaverá o numerário, dispensadas a repetição de indébito e a sujeição aos precatórios.

Questões de automonitoramento

1. Após ler este capítulo, você é capaz de resumir o caso gerador, identificando as partes envolvidas, os problemas atinentes e as possíveis soluções cabíveis?
2. Quais as hipóteses de extinção do crédito tributário?
3. Discorra sobre as regras de imputação de pagamento previstas no CTN.
4. É aplicável a taxa Selic quando o contribuinte move ação de repetição de indébito contra a Fazenda pública federal?
5. Explique o procedimento e os efeitos da restituição de indébito relativo a tributo lançado por homologação.
6. Pense e descreva outras alternativas para a solução do caso gerador.

Conclusão

À medida que a consciência jurídica da sociedade evolui e os cidadãos ampliam seu acesso à Justiça, seja através do Poder Judiciário, seja por meios alternativos de solução de conflitos, cresce a importância do estudo do direito.

O direito constitui-se num dos elementos de transformação modernizadora das sociedades tradicionais, principalmente nos países em desenvolvimento. Evidencia-se, a cada dia, que o sistema tributário não pode ser insensível ao que ocorre no sistema econômico e que o direito tem papel relevante na organização da sociedade.

O objetivo deste livro foi desenvolver discussões e estudos sobre os fundamentos do direito tributário e suas diversas implicações, para se poder melhor refletir sobre os passos necessários para o constante aperfeiçoamento do sistema tributário nacional.

O estabelecimento de um sistema legal que funcione adequadamente é condição essencial para um bom nível de crescimento do país, seja em termos econômicos, seja em relação as suas instituições.

Nossa intenção é contribuir com o fomento a estudos específicos e aprofundados sobre o tema, tarefas que devem ser cada vez mais estimuladas no país, considerando que uma justiça mais eficiente também acarretará um direito mais efetivo.

Referências

AMARO, Luciano. *Direito tributário brasileiro*. São Paulo: Saraiva, 1997.

_____. *Direito tributário brasileiro*. 9. ed. São Paulo: Saraiva, 2003.

_____. *Direito tributário brasileiro*. 12. ed. São Paulo: Saraiva, 2006.

ATALIBA, Geraldo. *Hipótese de incidência tributária*. São Paulo: Malheiros, 1992.

BALEEIRO, Aliomar. *Uma introdução à ciência das finanças*. Rio de Janeiro: Forense, 1981.

_____. *Direito tributário brasileiro*. 11. ed. Rio de Janeiro: Forense, 2000.

BECKER, Alfredo Augusto. *Teoria geral do direito tributário*. São Paulo: Saraiva, 1963.

_____. *Teoria geral do direito tributário*. 2. ed. São Paulo: Saraiva, 1972.

BORGES, José Souto Maior. *Lançamento tributário*. Rio de Janeiro: Forense, 1981.

CARVALHO, Paulo de Barros. *Teoria da norma tributária*. São Paulo: Lael, 1974.

_____. *Decadência e prescrição*. São Paulo: Resenha Tributária, 1976.

_____. *Curso de direito tributário*. 6. ed. São Paulo: Saraiva, 1993.

_____. *Curso de direito tributário*. 9. ed. São Paulo: Saraiva, 1997a.

_____. Lançamento por homologação — decadência e pedido de restituição. *Repertório IOB de Jurisprudência*, n. 3, 1997b.

_____. *Curso de direito tributário*. 16. ed. São Paulo: Saraiva, 2004.

CASTRO, Carlos Roberto Siqueira. Da declaração de inconstitucionalidade e seus efeitos em face das leis 9.868 e 9.882/99. In: SARMENTO, Daniel (Org.). *O controle de constitucionalidade e a Lei nº 9.868/99*. Rio de Janeiro: Lumen Juris, 2001.

COÊLHO, Sacha Calmon Navarro. *Curso de direito tributário brasileiro*: comentários à Constituição e ao Código Tributário Nacional, artigo por artigo. Rio de Janeiro: Forense, 2001.

_____. *Curso de direito tributário brasileiro*. 7. ed. Rio de Janeiro: Forense, 2004.

_____. *Curso de direito tributário brasileiro*. 9. ed. Rio de Janeiro: Forense, 2006.

DÓRIA, Antônio Roberto Sampaio. *Direito constitucional tributário e due process of law*. Rio de Janeiro: Forense, 1986.

FALCÃO, Amílcar de Araújo. *Fato gerador da obrigação tributária*. São Paulo: Revista dos Tribunais, 1974.

_____. *Fato gerador da obrigação tributária*. 6. ed. Rio de Janeiro: Forense, 2002.

FANUCCHI, Fábio. *A decadência e a prescrição em direito tributário*. São Paulo: Resenha Tributária, 1976.

FONROUGE, Giuliani. *Derecho financiero*. Buenos Aires: Depalma, 1967. v. 1.

GRECO, Marco Aurélio. *Substituição tributária. ICMS. IPI. PIS. Cofins*. São Paulo: IOB, 1997.

LOPES, Mauro Luís Rocha. *Execução fiscal e ações tributárias.* Rio de Janeiro: Lumen Juris, 2003.

MACHADO, Celso Cordeiro. *Crédito tributário.* Rio de Janeiro: Forense, 1984.

MACHADO, Hugo de Brito. *Curso de direito tributário.* 5. ed. Rio de Janeiro: Forense, 1992.

_____. *Curso de Direito Tributário.* 26. ed. São Paulo: Malheiros, 2005.

MELO, José Eduardo Soares de. *Curso de direito tributário.* São Paulo: Dialética, 1997.

MORAES, Bernardo Ribeiro de. *Compêndio de direito tributário.* 2. ed. Rio de Janeiro: Forense, 1994. v. 2.

_____. *Compêndio de direito tributário.* 3. ed. Rio de Janeiro: Forense, 1995. v. 2.

NOGUEIRA, Ruy Barbosa. *Direito financeiro.* São Paulo: Bushatsky, 1964.

_____. *Teoria e prática do direito tributário.* São Paulo: Forense, 1975.

OLIVEIRA, José Jayme de Macedo. *Código Tributário Nacional:* comentários, doutrina, jurisprudência. Rio de Janeiro: Saraiva, 1998.

PAULSEN, Leandro. *Direito tributário:* Constituição e Código Tributário à luz da doutrina e da jurisprudência. Porto Alegre: Livraria do Advogado, 2007.

PFEILSTICKER, Mariana Correia. Compensação de tributos federais — nova redação do art. 74, da Lei nº 9.340/1996 — prazo decadencial. In: CARVALHO, Fábio Junqueira de; MURGEL, Maria Inês (Orgs.). *(Mini)reforma tributária:* reflexões sobre a Lei nº 10.637/2002 (antiga MP 66). Belo Horizonte: Mandamentos, 2003.

PIRES, Adilson Rodrigues. *Manual de direito tributário.* Rio de Janeiro: Forense, 1997.

RIBEIRO, Ricardo Lodi. Os prazos para a constituição e a cobrança do crédito tributário. In: ROCHA, Sérgio André (Org.). *Processo admi-*

nistrativo tributário — estudos em homenagem ao professor Aurélio Pitanga Seixas Filho. São Paulo: Quartier Latin, 2007.

ROCHA NETO, Manuel Luís da; MAIA, Andréa Viana Arrais. A Lei Complementar 104 e a exclusão da multa no parcelamento de débito tributário. *Revista Dialética de Direito Tributário*, São Paulo, n. 71, p. 114-118, 2001.

ROSA JÚNIOR, Luiz Emygdio F. da. *Manual de direito tributário*. 18. ed. Rio de Janeiro: Renovar, 2005.

_____. *Manual de direito financeiro e tributário*. 20. ed. Rio de Janeiro: Renovar, 2007.

ROSELVALD, Nelson. *Direito das obrigações*. Rio de Janeiro: Impetus, 2004.

SANTOS JÚNIOR, Francisco Alves dos. *Decadência e prescrição no direito tributário do Brasil*: análise das principais teorias e proposta para alteração da respectiva legislação. Rio de Janeiro: Renovar, 2001.

SOUZA, Rubens Gomes de. Limites dos poderes do fisco quanto à revisão dos lançamentos. *RT*, n. 75, 1948.

_____. Ideias gerais para uma concepção unitária e orgânica do processo fiscal. *RDA*, n. 34, 1953.

_____. *Compêndio de legislação tributária*. São Paulo: Resenha Tributária, 1975.

_____. *Compêndio de legislação tributária*. São Paulo: Resenha Tributária, 1982.

TORRES, Ricardo Lobo. *Normas de interpretação e integração do direito tributário*. Rio de Janeiro: Renovar, 2000.

_____.*Curso de direito financeiro e tributário*. 11. ed. Rio de Janeiro: Renovar, 2004.

TROIANELLI, Gabriel de Lacerda. *Comentários aos novos dispositivos do CTN*: a LC 104. São Paulo: Dialética, 2001.

VICENTE, Petrúcio Malafaia. In: GOMES, Marcus Lívio; ANTONELLI, Leonardo Pietro (Orgs.). *Curso de direito tributário brasileiro*. São Paulo: Quartier Latin, 2005. v. 1.

XAVIER, Alberto. *Do lançamento:* teoria geral do ato, do procedimento e do processo tributário. Rio de Janeiro: Forense, 1997.

ZAVASCKI, Teori Albino. *Antecipação de tutela.* São Paulo: Saraiva, 2005.

Colaboradores

Andrea Veloso Correia

Procuradora do MRJ. Professora de direito tributário na pós-graduação da FGV, na Emerj, no Lincoln Institute e em cursos preparatórios para concursos públicos. Coautora do livro *Curso de direito tributário brasileiro*, no qual escreveu sobre os impostos municipais (IPTU/ISS/ITBI), tem artigos publicados em revistas especializadas.

Bianca Xavier

Coordenadora e professora dos cursos de direito tributário da FGV; professora dos cursos de pós-graduação da UFF e da Ucam, onde é mestranda em direito e desenvolvimento. Advogada da Siqueira Castro Advogados.

Doris Canen

Advogada, mestranda em direito econômico pela Ucam e membro do International Bar Association.

Eduardo Telles

Mestre em direito tributário pela Ucam. Procurador do estado do Rio de Janeiro e advogado do Escritório Tauil & Chequer, associado a Thompson & Knight LLP. Foi procurador do Instituto Nacional do Seguro Social (INSS), consultor jurídico externo do Instituto Brasileiro de Administração Municipal (Ibam) e representante da Fazenda no Conselho de Contribuintes do Estado do Rio de Janeiro. Lecionou direito tributário nos cursos de graduação da UniverCidade, da Universidade Estácio de Sá e da Uerj. Professor de direito tributário em cursos de pós-graduação da FGV, da PUC e da UFF.

Ricardo Lodi

Professor adjunto de direito financeiro da Uerj. Doutor em direito pela UGF e mestre em direito tributário pela Ucam. Procurador da Fazenda Nacional (licenciado). Sócio da Lodi & Lobo Advogados.